Geheime Künste

CHINESISCHE HEILKRÄUTER

Geheime Künste

CHINESISCHE HEILKRÄUTER

PENELOPE ODY

evergreen

EVERGREEN is an imprint of TASCHEN GmbH

Hohenzollernring 53, D-50672 Köln
Hohenzollernring 53, D-50672 Köln
www.taschen.com

Originalausgabe von
THE IVY PRESS LIMITED,
The Old Candlemakers, Lewes, East Sussex BN7 2NZ
Artdirector *Peter Bridgewater*
Herausgeber *Sophie Collins*
Redaktionsleitung *Steve Luck*
Designer *Kevin Knight, Jane Lanaway*
Redaktion *Caroline Earle*
Bildrecherche *Vanessa Fletcher, Trudi Valter*
Fotofrafien *Guy Ryecart*
Illustrationen *Sarah Young, Nicola Evans, Andrew Kulman, Pauline Allen, Ivan Hissey, Michael Courtney*
Dreidimensionale Modelle *Mark Jamieson*

Gesamtproduktion der deutschen Ausgabe:
Königsdorfer Verlagsbüro, Frechen
Übersetzung aus dem Englischen: *Helmut Ross, Krenglbach*
Lektorat: *René Zey, Frechen*

Printed in China
ISBN 3-8228-3318-5

INHALT

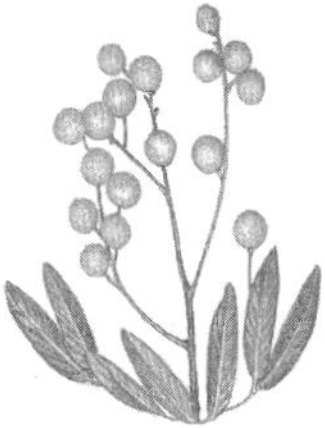
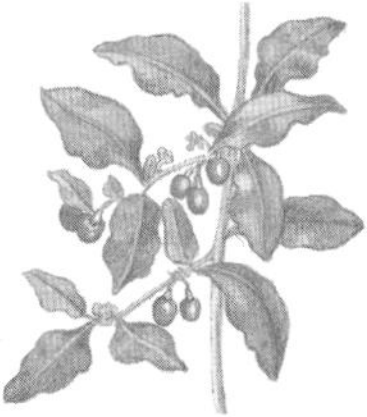

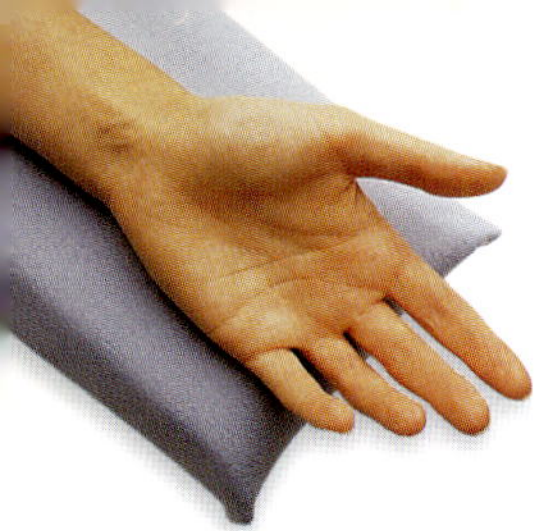

Chinesische Sichtweise

Erfahren Sie alles über die Bewertung der Symptome sowie über Diagnose und Therapie in der chinesischen Kräuterheilkunde.

ÜBER DIESES BUCH

Der erste Teil dieses Buches umreißt die Geschichte, Theorien und Grundsätze der Traditionellen Chinesischen Medizin (TCM) und informiert über die Arten chinesischer Arzneimittel sowie deren Zubereitung. Der zweite Teil des Buches besteht aus einem umfassenden Verzeichnis häufig verordneter Heilkräuter – mit allen wichtigen Eigenschaften, Wirkungen und Warnhinweisen. Diese Heilmittel sind der besseren Übersicht halber nach einzelnen Kategorien angeordnet, beispielsweise Heilkräuter zum Ableiten von Hitze, Wärmen des Inneren, Beseitigen von Schleim und Feuchtigkeit und so weiter.

Wichtiger Hinweis

Informieren Sie Ihren Hausarzt über jegliche Arzneimittel, die Sie einnehmen. Vor allem Schwangere und Menschen mit hohem Blutdruck müssen die Warnhinweise genau beachten. Autorin und Verlag übernehmen keine Verantwortung für die Folgen einer unsachgemäßen Einnahme.

Wenn gravierende medizinische Probleme bestehen, dürfen die verordneten Arzneimittel ohne vorhergehende Fachberatung nicht durch chinesische Heilkräuter ersetzt werden.

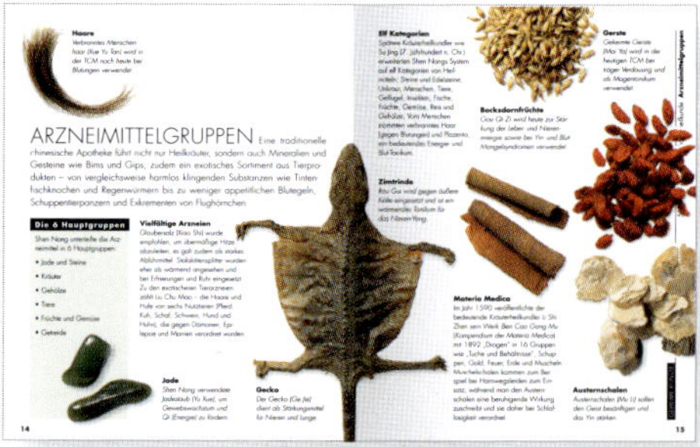

Haare
Verbranntes Menschenhaar (Xue Yu Tan) wird in der TCM noch heute bei Blutungen verwendet

ARZNEIMITTELGRUPPEN Eine traditionelle chinesische Apotheke führt nicht nur Heilkräuter, sondern auch Mineralien und Gesteine wie Bims und Gips, zudem ein exotisches Sortiment aus Tierprodukten – von vergleichsweise harmlos klingenden Substanzen wie Tintenfischknochen und Regenwürmern bis zu weniger appetitlichen Blutegeln, Schuppentierpanzern und Exkrementen von Flughörnchen.

Die 6 Hauptgruppen
Shen Nong unterteilte die Arzneimittel in 6 Hauptgruppen:
- Jade und Steine
- Kräuter
- Gehölze
- Tiere
- Früchte und Gemüse
- Getreide

Vielfältige Arzneien
Glaubersalz (Xiao Shi) wurde empfohlen, um übermäßige Hitze abzuleiten; es galt zudem als starkes Abführmittel. Stalaktitensplitter wurden eher als wärmend angesehen und bei Erfrierungen und Ruhr eingesetzt. Zu den exotischeren Tierarzneien zählt Liu Chu Mao – die Haare und Hufe von sechs Nutztieren (Pferd, Kuh, Schaf, Schwein, Hund und Huhn), die gegen Dämonen, Epilepsie und Manien verordnet wurden.

Jade
Shen Nong verwendete Jadestaub (Yu Xue), um Gewebswachstum und Qi (Energie) zu fördern.

Gecko
Der Gecko (Ge Jie) dient als Stärkungsmittel für Nieren und Lunge.

14

Elf Kategorien
Spätere Kräuterheilkundler wie Su Jing (7. Jahrhundert n. Chr.) erweiterten Shen Nongs System auf elf Kategorien von Heilmitteln: Steine und Edelsteine, Unkraut, Menschen, Tiere, Geflügel, Insekten, Fische, Früchte, Gemüse, Reis und Gehölze. Vom Menschen stammten verbranntes Haar (gegen Blutungen) und Plazenta, ein bedeutendes Energie- und Blut-Tonikum.

Gerste
Gekeimte Gerste (Mai Ya) wird in der heutigen TCM bei träger Verdauung und als Magentonikum verwendet.

Bocksdornfrüchte
Gou Qi Zi wird heute zur Stärkung der Leber- und Nierenenergie sowie bei Yin- und Blut-Mangelsyndromen verwendet.

Zimtrinde
Rou Gui wird gegen äußere Kälte eingesetzt und ist ein wärmendes Tonikum für das Nieren-Yang.

Materia Medica
Im Jahr 1590 veröffentlichte der bedeutende Kräuterheilkundler Li Shi Zhen sein Werk Ben Cao Gang Mu (Kompendium der Materia Medica) mit 1892 „Drogen" in 16 Gruppen wie „Tuche und Behältnisse", Schuppen, Gold, Feuer, Erde und Muscheln. Muschelschalen kommen zum Beispiel bei Harnwegsleiden zum Einsatz, während man den Austernschalen eine beruhigende Wirkung zuschreibt und sie daher bei Schlaflosigkeit verordnet.

Austernschalen
Austernschalen (Mu Li) sollen den Geist besänftigen und das Yin stärken.

15

Grundlagen

Der erste Teil dieses Buches informiert über historische Fakten und die Vielfalt chinesischer Arzneimittel.

Praktisches

Farbig illustrierte Anleitungen klären Schritt für Schritt über die Zubereitung auf.

Kurzporträts

Im zweiten Teil finden Sie umfassende Kurzporträts der einzelnen Heilkräuter mit ihren Eigenschaften, Dosierungen, Wirkungen und Gegenanzeigen.

Detailwissen

Einfarbig gestaltete Doppelseiten informieren ausführlich über die einzelnen Gruppen von Heilkräutern.

Alles über TCM

Altehrwürdige Tradition
Die Traditionelle Chinesische Medizin (TCM) existiert seit etwa 5000 Jahren und umfasst viele therapeutische Ansätze.

Die Traditionelle Chinesische Medizin (TCM) besteht aus einer Reihe von Therapieformen, die in China seit rund 5000 Jahren praktiziert werden. TCM kombiniert Methoden wie Akupunktur, Massage und Moxibustion (Abbrennen von Beifuß auf Akupunkturnadeln) mit der Verwendung von pflanzlichen, tierischen und mineralischen Arzneimitteln sowie Ernährungsvorschriften und Bewegungsübungen. Aufgrund der fremdartigen Begriffe und Konzepte erscheint die TCM westlichen Kulturen oft exotisch und obskur.

TCM und der Westen

In den letzten 30 Jahren wurden einzelne Formen der TCM auch in der westlichen Welt bekannt und populär. Die Akupunktur wird inzwischen von zahlreichen Schulmedizinern praktiziert und auch Kurse in Qigong und Tai Chi werden vielerorts angeboten. In vielen größeren Städten kann man chinesische Heilkräuter erwerben. Manche chinesischen Arzneimittel wurden in den Medien schlecht beurteilt, weil sie von gefährdeten Arten stammen, gegen Tierschutzbestimmungen verstoßen oder durch hochgiftige Chemikalien verunreinigt sind. Da die Qualität importierter Heilkräuter aus China bisweilen fraglich ist, bevorzugen zahlreiche professionelle Therapeuten Produkte aus Singapur, Japan oder Kalifornien.

Wie schon bei anderen alternativen Behandlungsformen, die im Westen modern wurden, gab es auch hier Regulierungsversuche seitens der Schulmedizin, sodass heute in manchen europäischen Ländern die Verwendung diverser chinesischer Kräuter eingeschränkt ist. Dies kann potenzielle Patienten abschrecken und trägt zur allgemeinen Fehleinschätzung der oftmals hoch qualifizierten Therapieformen bei.

Unter den chinesischen Heilkräutern finden sich zahlreiche Pflanzen, die auch in der westlichen Kräuterheilkunde bekannt sind (z. B. Löwenzahn und Braunelle) oder die wir – wie die Magnolie und Forsythie – nur als Zierpflanzen kennen. Viele von ihnen wurden im Osten eingehend erforscht und haben sich bei den unterschiedlichsten Beschwerden als wirksam erwiesen. Obwohl manche dieser Heilpflanzen ähnlich verwendet werden wie ihre europäischen Verwandten, mag die traditionelle chinesische Beschreibung ihrer Wirkungsweise verwirren. Wie der westlichen Kräuterheilkunde geht es auch der TCM vor allem darum, dem Körper zu helfen und sein Gleichgewicht wiederzufinden, anstatt die Symptome zu tilgen, wie es in der modernen allopathischen Medizin der Fall ist.

5000 JAHRE CHINESISCHE KRÄUTERHEILKUNDE

Bereits unsere prähistorischen Vorfahren verwendeten Heilkräuter. So etwa stieß man in 60 000 Jahre alten irakischen Gräbern auf Reste von Ma Huang (*Ephedra sinica*) – ein chinesisches Heilkraut zur Behandlung von Asthma und zugleich Quelle unseres modernen Wirkstoffs Ephedrin. Die chinesische Tradition datiert die früheste Verwendung von Heilkräutern auf die Zeit um 3000 v. Chr. Wie es heißt, habe Shen Nong, der „Göttliche Bauer", Hunderte von Kräutern probiert, um ihre therapeutischen Eigenschaften zu ermitteln und seinen Zeitgenossen die Grundlagen von Ackerbau und Viehzucht zu lehren. Sein großes Kräuterbuch *Shen Nong Ben Cao Jiang* führt 365 verschiedene Kräuter, mineralische und tierische Produkte auf. Bis heute bildet es die Grundlage zahlreicher chinesischer Rezepturen, die auf eine nahezu ununterbrochene 5000-jährige Tradition verweisen können.

Shen Nong und der Gelbe Kaiser

Der Gelbe Kaiser
Huang Di werden weite Teile der TCM-Theorie zugeschrieben. Zudem gilt er als Begründer der chinesischen Musiktheorie.

Während Shen Nong als Entdecker der Heilkräuter angesehen wird, nimmt man an, dass sein Zeitgenosse Huang Di (der Gelbe Kaiser) die theoretischen Grundlagen der chinesischen Medizin formulierte, die in einem weiteren chinesischen Klassiker überliefert sind, in *Des Gelben Kaisers Kanon der Inneren Medizin*, datiert auf ca. 2500 v. Chr., obwohl die erhaltenen Abschriften erst aus der Zeit um 200 n. Chr. stammen.

Wie im Westen, wo häufig Priester oder Schamanen die Medizin praktizierten, war auch die frühe chinesische Medizin eng mit der Religion verknüpft, in diesem Fall mit dem Taoismus. Dieser konzentriert sich auf das Erreichen von Wohlstand, Langlebigkeit und sogar Unsterblichkeit durch „Tugend", verstanden als Übereinstimmung mit der Natur. Kräutern, vor allem wirksamen Stärkungsmitteln wie Ling Zhi (dem Glänzenden Lacksporling, *Ganoderma lucidum*), schrieb man die Fähigkeit zu, die Tugendhaftigkeit zu fördern.

Die Taoisten gründeten ihren Glauben auf dem, was sie umgab – auf eine Welt, deren jahreszeitlicher Wandel das Modell der fünf Wandlungsphasen entstehen ließ. So bildete sich auch ein Glaube an die duale Natur aller Dinge heraus und schließlich das Konzept von Yin und Yang als zwei gleich großen, jedoch entgegengesetzten Urkräften: Schönheit besteht nur, weil es Hässlichkeit gibt. Weitere Gegensatzpaare sind Licht-Finsternis, Männlich-Weiblich, Hitze-Kälte. Die Notwendigkeit, ein Gleichgewicht zwischen Yin und Yang herbeizuführen, war bereits für den Gelben Kaiser ein wichtiger Gedanke und bildet bis heute eine Grundlage der chinesischen Medizin.

Ergänzende Therapieformen

Im *Kanon des Gelben Kaisers* wurden auch erstmals jene Therapieformen beschrieben, die in der chinesischen Medizin dazu dienen, die Kräuterrezepturen des Shen Nong zu ergänzen: Akupunktur, Massage, Bewegungsübungen, Moxibustion und die „Pflaumenblüten"-Behandlung durch Beklopfen spezieller Körperpunkte mit neunnadeligen Hämmerchen.

Weitere Informationen

Arzneimittelgruppen, siehe Seite 14–15; **Die fünf Wandlungsphasen,** Seite 38–39; **Yin und Yang,** Seite 60–61; **Qigong,** Seite 92–93.

Haare
Verbranntes Menschenhaar (Xue Yu Tan) wird in der TCM noch heute bei Blutungen verwendet.

ARZNEIMITTELGRUPPEN

Eine traditionelle chinesische Apotheke führt nicht nur Heilkräuter, sondern auch Mineralien und Gesteine wie Bims und Gips, zudem ein exotisches Sortiment aus Tierprodukten – von vergleichsweise harmlos klingenden Substanzen wie Tintenfischknochen und Regenwürmern bis zu weniger appetitlichen Blutegeln, Schuppentierpanzern und Exkrementen von Flughörnchen.

Die 6 Hauptgruppen

Shen Nong unterteilte die Arzneimittel in 6 Hauptgruppen:

- Jade und Steine
- Kräuter
- Gehölze
- Tiere
- Früchte und Gemüse
- Getreide

Vielfältige Arzneien

Glaubersalz (Xiao Shi) wurde empfohlen, um übermäßige Hitze abzuleiten; es galt zudem als starkes Abführmittel. Stalaktitensplitter wurden eher als wärmend angesehen und bei Erfrierungen und Ruhr eingesetzt. Zu den exotischeren Tierarzneien zählt Liu Chu Mao – die Haare und Hufe von sechs Nutztieren (Pferd, Kuh, Schaf, Schwein, Hund und Huhn), die gegen Dämonen, Epilepsie und Manien verordnet wurden.

Jade
Shen Nong verwendete Jadestaub (Yu Xue), um Gewebswachstum und Qi (Energie) zu fördern.

Gecko
Der Gecko (Ge Jie) dient als Stärkungsmittel für Nieren und Lunge.

Elf Kategorien

Spätere Kräuterheilkundler wie Su Jing (7. Jahrhundert n. Chr.) erweiterten Shen Nongs System auf elf Kategorien von Heilmitteln: Steine und Edelsteine, Unkraut, Menschen, Tiere, Geflügel, Insekten, Fische, Früchte, Gemüse, Reis und Gehölze. Vom Menschen stammten verbranntes Haar (gegen Blutungen) und Plazenta, ein bedeutendes Energie- und Blut-Tonikum.

Gerste

Gekeimte Gerste (Mai Ya) wird in der heutigen TCM bei träger Verdauung und als Magentonikum verwendet.

Bocksdornfrüchte

Gou Qi Zi wird heute zur Stärkung der Leber- und Nierenenergie sowie bei Yin- und Blut-Mangelsyndromen verwendet.

Zimtrinde

Rou Gui wird gegen äußere Kälte eingesetzt und ist ein wärmendes Tonikum für das Nieren-Yang.

Materia Medica

Im Jahr 1590 veröffentlichte der bedeutende Kräuterheilkundler Li Shi Zhen sein Werk *Ben Cao Gang Mu* (*Kompendium der Materia Medica*) mit 1892 „Drogen" in 16 Gruppen wie „Tuche und Behältnisse", Schuppen, Gold, Feuer, Erde und Muscheln. Muschelschalen kommen zum Beispiel bei Harnwegsleiden zum Einsatz, während man den Austernschalen eine beruhigende Wirkung zuschreibt und sie daher bei Schlaflosigkeit verordnet.

Austernschalen

Austernschalen (Mu Li) sollen den Geist besänftigen und das Yin stärken.

Grundeigenschaften

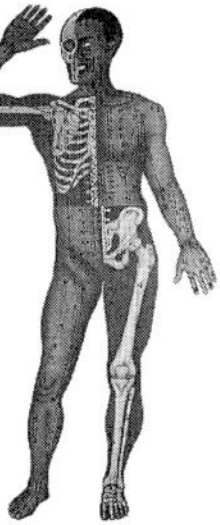

Chinesische Sichtweise
Chinesische Darstellungen des menschlichen Körpers sowie der Pflanzen unterscheiden sich von der westlichen Sichtweise.

Wie in der traditionellen westlichen Medizin werden auch die chinesischen Heilkräuter nach ihren ureigenen Merkmalen und Wirkungen auf den menschlichen Körper eingeteilt.

Vor Einführung chemischer Analysen war es nicht möglich, die Arzneimittel nach der Wirkung ihrer Bestandteile wie etwa Alkaloide, Saponine und Steroidverbindungen zu klassifizieren. Stattdessen definierte man die Pflanzen anhand ihrer Temperatur, ihres Geschmacks und der wahrscheinlich von ihnen beeinflussten Organe – oder hinsichtlich der entsprechenden Akupunkturlinien, seltener auch anhand ihres Richtungseinflusses innerhalb des menschlichen Körpers. Heilkräuter können sein:

- heiß, warm, neutral, kühl oder kalt;
- süß, sauer, bitter, scharf, salzig, zusammenziehend oder mild/neutral;
- eintretend in die Meridiane von Leber, Lunge, Herz, Nieren, Milz, Gallenblase, Dickdarm, Dünndarm, Harnblase, Magen, Herzbeutel oder San Jiao (Dreifach-Erwärmer).

Gelegentlich werden sie auch als hebend, senkend, schwebend oder sinkend beschrieben.

Praktische Anwendung

Chinesische Heilkräuter sollen die Symptome einer Erkrankung ausgleichen und die Ordnung wiederherstellen. Kalte Leiden wie Verkühlung oder rheumatische Schmerzen werden mit wärmenden Kräutern behandelt, während Fieber und mit Wärme verbundene Krankheiten mit kalten Kräutern therapiert werden.

Chi Shao Yao (die Wurzel der Roten Pfingstrose) wird als leicht kalt mit bitter-saurem Geschmack und auf den Lebermeridian wirkend eingestuft. Diese spezielle Arznei bei unzureichender Kühlung in Verbindung mit Hitze im Blut leitet somit das „Leber-Feuer" ab. Da die Leber in der chinesischen Heilkunde auch mit Menstruationsproblemen assoziiert ist, wird Chi Shao Yao auch gegen Regelbeschwerden verordnet. Bisweilen fließt diese Arznei auch in Rezepturen gegen Ekzeme ein.

Huang Qin (Baikal-Helmkraut) gilt als kalt und wird daher bei diversen Leiden eingesetzt, die mit Hitze einhergehen oder durch Fieber charakterisiert sind. Shan Yao (Yamswurzel) jedoch ist eine neutrale Arznei und verfügt über ein breiteres Einsatzspektrum.

Weitere Informationen

Chi Shao Yao, Seite 110; **Ekzemstudie am Great Ormond Street Hospital,** Seite 128–129; **Huang Qin,** Seite 135, **Leber** siehe **San Jiao,** Seite 180–181.

Joseph Dalton Hooker
Im 18. und 19. Jahrhundert reisten Europäer, darunter auch Sir Joseph Dalton Hooker, nach China auf der Suche nach exotischen Pflanzen für die heimischen Gärten.

DIE PFLANZENJÄGER

Viele der in der chinesischen Medizin verwendeten Pflanzen mögen uns fremd und exotisch erscheinen, andere wiederum sind uns überraschend vertraut – wenngleich nicht als Heilkräuter, sondern als gewöhnliche Gartengewächse. Bedeutende Pflanzensammler wie Robert Fortune, Sir Joseph Dalton Hooker und Ernest Wilson brachten sie ab dem 18. Jahrhundert von ihren Reisen durch China und Tibet nach Europa, um die hiesigen botanischen Gärten und Privatsammlungen zu bereichern, während man ihr therapeutisches Potenzial verkannte.

Forsythie
Lian Qiao, die Früchte der vertrauten gelben Forsythie (*Forsythia suspensa*), sind in China eine wichtige kühlende Arznei, um Hitze und Giftstoffe abzuleiten. Robert Fortune brachte die Pflanze 1844 nach Europa – in Form winziger Sämlinge, die in eigens gefertigten Glasbehältern ganz unten im Frachtraum verstaut waren, als man Kap Horn umsegelte.

Magnolie

In der chinesischen Medizin kommen gleich mehrere Magnolienarten zum Einsatz, doch manche von ihnen gelangten erst im 20. Jahrhundert durch Ernest Wilson in den Westen. Die Blüten von *Magnolia liliiflora* (Xin Yi Hua) verwendet man in China bei Erkältungen und Entzündung der Nasenschleimhaut, während die aromatische Rinde (Hou Po) und die Blüten (Hou Po Hua) von *M. officinalis* die Verdauung fördern und Blähungen begegnen.

Buddleia

Der strauchartig wachsende Sommerflieder (*Buddleia officinalis*) gilt in Europa vielerorts als Unkraut und ist an den Bahndämmen rund um London ein vertrauter Anblick. Die Blüten (Mi Meng Hua) verwendet man in China bei Augenleiden wie Bindehautentzündung und grünem Star.

Liguster

Der Chinesische Liguster (*Ligustrum lucidum*) gelangte 1794 durch Sir Joseph Banks erstmals nach England und wird heute in einigen südlichen Landesteilen kultiviert. Seine Früchte (Nu Zhen Zi) sind ein bedeutendes Stärkungsmittel für Leber und Nieren. Angeblich wirkt das Kraut auch gegen graue Haare und schwache Knie.

Kampf dem Unkraut

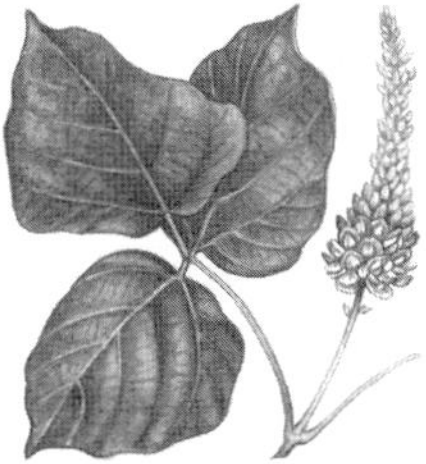

Kapoubohne
Im 19. Jahrhundert als Futterpflanze in Nordamerika eingeführt, wurde die Kapoubohne zu einer ernsthaften Bedrohung.

Nicht alle Heilpflanzen aus China haben sich als Segen erwiesen; ihres ausgewogenen Lebensraumes beraubt, entwickelten sich einige Gewächse zu rasch wuchernden Unkräutern. Hierzu zählt etwa das Japanische Geißblatt oder Jin Yin Hua (*Lonicera japonica*). Eine besonders virulente Sorte dieses sonst so gefälligen Kletterstrauchs wurde in den 1860er-Jahren in New York gezüchtet, sie hat sich jedoch inzwischen in vielen Teilen der USA als üppig wucherndes Unkraut ausgebreitet.

In zahlreichen Weltregionen gilt dies auch für die Schwarznessel (*Perilla frutescens*) – in China ein beliebtes Küchengewürz, dessen Samen (Zi Su Zi), Blätter (Zi Su Ye) und Stängel (Zi Su Geng) man bei Erkältungen, Entzündungen der Nasenschleimhaut und Husten einsetzt. Die in der chinesischen Küche verwendeten Blätter werden traditionell mit Krebsen kombiniert, um den kalten Charakter des Krustentiers auszugleichen.

Plage und Segen zugleich

Die Kapoubohne (*Pueraria lobata*), eines der schädlichsten Unkräuter überhaupt, gilt im Süden der USA vielerorts als „Pflanzenpest". In den 1870er-Jahren von Japan in die USA gelangt, wurde das Gewächs zunächst als potenzielle Nahrungs-, Futter- und Faserquelle begrüßt, deren Anbau man zwischen 1910 und den frühen 1950er-Jahren propagierte. Um 1945 betrug die Anbaufläche im Südosten der USA mindestens 200 000 Hektar, doch die Pflanze säte sich unweigerlich selbst aus, verbreitete sich unkontrolliert und erwies sich als sehr resistent.

Angesichts der gewaltigen Anstrengungen, die Kapoubohne auszumerzen, scheint man ihre zahlreichen medizinischen Qualitäten vergessen zu haben. In China verwendet man die Wurzel (Ge Gen), um bei fiebrigen Erkältungen die Schweißbildung anzuregen, ferner hilft sie bei Masern und Nackenschmerzen. Studien haben zudem belegt, dass sie den Bluthochdruck senkt und bei der Behandlung von Angina pectoris von Nutzen ist. Die Blüten (Ge Hua) sind eine traditionelle Medizin bei Alkoholvergiftung. Neuere Studien deuten an, dass die gesamte Pflanze das Suchtpotenzial von Drogen und Alkohol verringern kann.

Weitere Informationen

Ge Gen, siehe Seite 59; **Jin Yin Hua,** Seite 142; **Lian Qiao,** Seite 143; **Mi Meng Hua,** Seite 127; **Nu Zhen Zi,** Seite 79.

Wandelnde Apotheke

Im alten China reisten Kräuterkundige von Dorf zu Dorf, um ihre Arzneien feilzubieten.

ZUBEREITUNG

Die meisten chinesischen Arzneimittel werden als Abkochungen zubereitet und sind unter dem Namen „Brühe" oder „Tang" bekannt. Viele Haushalte besitzen einen großen Keramiktopf eigens zu diesem Zweck. Das Tang wird gewöhnlich einmal täglich (meist morgens) eingenommen. Die zunehmend auf dem Markt erscheinenden Pulverextrakte und Pillen zielen auf den stressreicheren Lebensstil der modernen Berufstätigen, die für die täglich frische Zubereitung keine Zeit haben.

Chinesische Apotheke

In einer traditionellen chinesischen Apotheke werden die trockenen Kräuter in einzelnen Schubläden aufbewahrt und je nach Rezept zusammengestellt. Die alten Wägemaße wurden inzwischen standardisiert:
1 Jin = 300 Gramm, 1 Liang = 30 Gramm,
1 Qian = 3 Gramm, 1 Fen = 0,3 Gramm und
1 Li = 0,03 Gramm.
Bis zu 1 Liang einer schweren Substanz wie Muschelschalen wird einzeln verschrieben. Meist jedoch werden 3–5 Qian eines Heilkrautes im Rahmen eines Rezepts aus vier bis zwölf verschiedenen Zutaten verordnet.

Maße	
10 Li = 1 Fen	10 Qian = 1 Liang
10 Fen = 1 Qian	10 Liang = 1 Jin

Tagesration

Die einzelnen Kräuter eines Rezepts werden zu Tagespackungen portioniert.

1 *Die Mischung in einen Kochtopf aus Edelstahl oder Keramik geben und drei Tassen Wasser (750 ml) zugießen.*

2 *Den Inhalt 25–30 Minuten kochen lassen, bis die Flüssigkeit auf die Hälfte reduziert ist. Bisweilen werden die abgeseihten Kräuter mit frischem Wasser nochmals aufgekocht und die beiden Extrakte kombiniert.*

Dosierung des Tang

In China werden die naturbelassenen Heilkräuter meist in Papiertütchen abgepackt, die jeweils eine Tagesration enthalten.

Das Tang (Abkochung) hat in der Regel eine tiefbraune Farbe und ein intensives Aroma. In China verwendet man weit höhere Dosierungen als im Westen (häufig bis zu 90 g), weshalb das Endprodukt für den westlichen Gaumen nicht selten zu kräftig schmeckt.

3 *Das Tang abseihen und die Tagesration morgens auf nüchternen Magen (wegen der besseren Resorption) trinken. Je nach Rezept können die gleichen Kräuter am nächsten Tag nochmals verwendet werden. Falls jedoch lösliche Zutaten etwa in Form mineralischer Salze enthalten sind, muss täglich ein frischer Ansatz zubereitet werden.*

Darreichungsformen

Das Tang
Tangs (Abkochungen) werden in China traditionell in einem großen Keramiktopf zubereitet.

Neben Abkochungen (Tang) werden auch Pulver (San) und Pillen (Wan) verordnet. Diese sind häufig bequemer einzunehmen, da die Tagesdosen nur noch abgewogen werden müssen. Pulvermischungen verrührt man meist mit einer halben Tasse (125 ml) warmem Wasser, während für die Herstellung von Pillen die gemahlenen Kräuter traditionell mit Honig versetzt werden. Zahlreiche Tangmixturen werden inzwischen auch als gebrauchsfertige Pulverextrakte angeboten.

Manche Praktiker der TCM vertreten die Ansicht, dass eine veränderte Darreichungsform womöglich die therapeutische Wirkung beeinträchtigt. Außerdem werden chinesische Heilkräuter unter Verwendung von Alkohol und Wasser auch zur Herstellung westlich orientierter Tinkturen verwendet. Alkohol gilt in der TCM als wärmende Zutat, weshalb Tinkturen stärker wärmen können als die ursprünglichen Kräuterextrakte. Somit könnte eine kühlende, zur Behandlung von Hitzezuständen eingesetzte Arznei in ihrer Wirkung beeinträchtigt werden.

Tonisierende Weine

Stärkende Weine (Jiu) waren bereits bei den alten Taoisten beliebt und werden noch heute in China zubereitet. Der Legende nach starb der weise Li Ch'ing Yuen 1930 im Alter von 252 Jahren. Sein langes Leben soll er einem Glas tonisierendem Wein aus He Shou Wu und Ren Shen verdanken, das er jeden Abend vor dem Zubettgehen trank. Tonisierende Weine lassen sich ansetzen, indem man ein Essigfass mit dem entsprechenden Kraut füllt – meist eine Wurzel wie Dang Gui, He Shou Wu oder Ren Shen – und Rotwein aufgießt. Nach einigen Wochen können Tagesdosen von bis zu 75 ml entnommen werden. Um Fäulnisbildung zu verhindern, ist regelmäßig Wein nachzufüllen.

Mit Wodka oder Branntwein lassen sich therapeutische Aperitifs oder Verdauungsliköre zubereiten. Vier Wochen lang in Wodka eingelegte Walnüsse (Hu Tao Ren) ergeben ein Energie spendendes Nierentonikum, während aus roten Datteln (Hong Zao), die einen Monat in Branntwein gelegt werden, ein süßer Likör entsteht, der Leber und Blut zugute kommt.

Weitere Informationen

Tonisierende Weine lassen sich zubereiten aus:

Bai Shao Yao, siehe Seite 110; **Bai Zhu,** Seite 94; **Chen Pi,** Seite 82; **Dan Shen,** Seite 106; **Dang Shen,** Seite 87; **Gan Jiang,** Seite 146; **Huang Qi,** Seite 91; **Wu Wei Zi,** Seite 203; **Xi Yang Shen,** Seite 74; **Xiao Hui Xiang,** Seite 151.

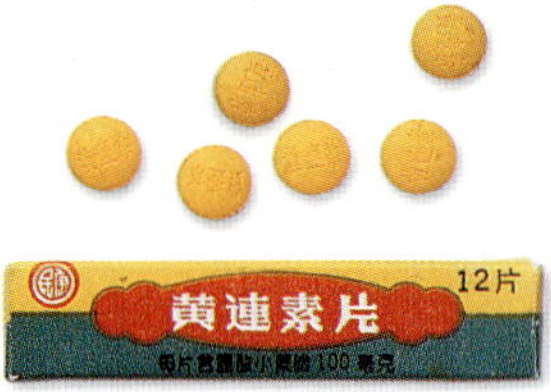

Pillen
Viele traditionelle Rezepturen werden inzwischen auch frei verkäuflich in Pillenform angeboten.

REZEPTUREN

In der westlichen Welt werden Heilkräuter häufig einzeln verwendet oder in verschiedenen Kombinationen verordnet, die auf den individuellen Patienten und sein Leiden zugeschnitten sind. In China jedoch kennt man Tausende detaillierter Rezepturen, die auf bestimmte Krankheitssymptome abzielen. Diese können zwar vom Arzt geringfügig verändert werden, doch meist werden sie gemäß einer Standardformel verordnet. Die frei verkäuflichen Pillen und Pulver folgen dem gleichen Rezepturschema.

Kräuterrezepturen

Zahlreiche traditionelle Rezepturen sind seit Jahrhunderten in Gebrauch: das 1082 von Tang Shen-Wei verfasste *Zheng Lei Ben Cao* enthält 300 klassische „Rezepte", während Li Shi Zhen im Jahr 1590 nicht weniger als 11 096 Verordnungen auflistet. Chinesische Medizinstudenten haben die Aufgabe, Tausende dieser Rezepturen auswendig zu lernen.

Innerhalb der Rezepte haben bestimmte Kräuter eine genau definierte Funktion:

Kaiser Dies sind die wichtigsten Heilkräuter wie Ren Shen und Shu Di Huang.

Minister Pflanzen wie Bai Zhu und Dang Gui, die die Hauptpflanzen unterstützen und ihre Wirkung verstärken.

Boten Basierend auf den richtungsspezifischen Eigenschaften der Pflanzen, leiten diese Kräuter die Wirkstoffe zu bestimmten Meridianen oder Körperteilen.

Gehilfen oder Harmonisierer Unterstützende und/oder korrigierende Pflanzen, um einer toxischen Wirkung der Hauptzutaten zu begegnen oder Begleitsymptome zu behandeln.

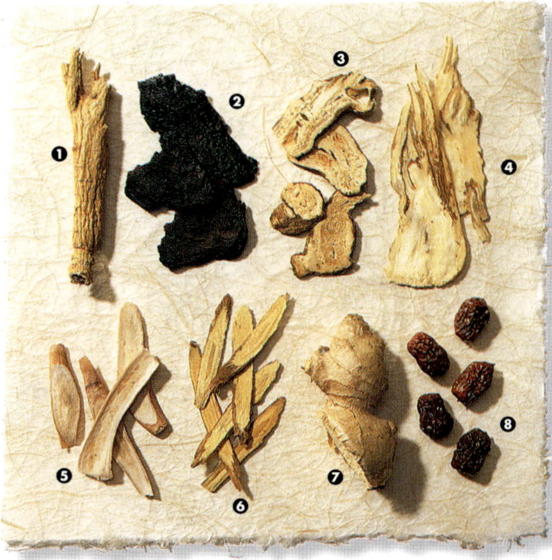

Schlüssel

1. Ren Shen
2. Shu Di Huang
3. Bai Zhu
4. Dang Gui
5. Bai Shao Yao
6. Gan Cao
7. Sheng Jiang
8. Da Zao

Kostbare Frauenpillen

Eine typische traditionelle Rezeptur ist das Ba Zhen Tang – eine Abkochung aus acht wertvollen Zutaten, die oft auch in Tablettenform als „Kostbare Frauenpillen" angeboten wird. Das Energie spendende Blut-Tonikum enthält folgende Zutaten:

- die wichtigsten Kaiserkräuter Ren Shen und Shu Di Huang, wirkungsvolle Stärkungsmittel für Energie und Blut.
- Bai Zhu, Dang Gui und Bai Shao Yao, ebenfalls wirkungsvolle Tonika, in Ministerfunktion.
- Chuan Xiong und Fu Ling als Boten.
- Gan Cao, Sheng Jiang und Da Zao harmonisieren die Mixtur und gleichen die widerstreitenden Eigenschaften der warmen und kühlen Kräuter aus.

Stärkungsmittel

Die „Kostbaren Frauenpillen" werden in der TCM bei gynäkologischen Problemen eingesetzt, die mit Energie- und Blutmangel einhergehen.

TCM heute

Mao Tse-tung
Unter Mao erfuhr die TCM eine Wiederbelebung durch Gründung neuer Lehranstalten.

Obwohl die Traditionelle Chinesische Medizin bis Ende des 18. Jahrhunderts weiterhin in China dominierte, setzten durch die westliche Missionierung und das Vordringen der Anatomie erste Zerfallserscheinungen ein. In den 1860er-Jahren traf Huang Kuan als erster chinesischer Arzt, der im Westen studierte, an der Universität von Edinburgh ein. Eine erste westliche Medizinakademie entstand in den 1890er-Jahren in Hongkong. Mit der Gründung der ersten chinesischen Republik im Jahr 1911 ging der Versuch einher, die traditionelle Medizin zu unterdrücken. Während chinesische Auswanderer in Singapur, Kalifornien und vielen „Chinatowns" alte Traditionen lebendig hielten, war die TCM Mitte des 20. Jahrhunderts in China auf kaum mehr als Folklore und den Gebrauch von Hausmittelchen reduziert.

Die kommunistische Revolution

Im Jahr 1949 veränderte sich das traditionelle China nachhaltig, als die Kommunisten unter Mao Tse-tung die Macht ergriffen und sich für die Verbesserung der Volksgesundheit einsetzten. Eine größere, 1950 abgehaltene Konferenz empfahl die Kombination der westlichen Lehre mit einer wiederbelebten traditionellen Heilkunst. So entstanden neue Schulen für TCM. Ab 1966 waren Maos berühmte „Barfußärzte" in entlegenen Landesteilen tätig, während sich die chinesische Regierung bemühte, die schlechten Gesundheits- und Hygienestandards zahlreicher Provinzen zu verbessern. Alte Rezepte wurden wiederbelebt und neue Heilpflanzen etabliert, um frei verkäufliche Massenarzneien zu produzieren.

Zwar gingen in den 1970er-Jahren, bedingt durch die Kulturrevolution, einige Traditionen verloren, doch ab 1985 nahmen die ersten westlichen Studenten ihr Studium an den neuen TCM-Akademien auf. Im Zuge der politischen Öffnung reisten die ersten traditionell ausgebildeten chinesischen Ärzte in den Westen, um sich mit den wenigen TCM-Ärzten zusammenzuschließen, die aus den Emigrantengemeinden hervorgegangen waren.

Zunehmende Popularität

Seit den 1990er-Jahren sind chinesische Heilkräuter und Präparate im Westen erhältlich. Das wachsende Interesse an der TCM hat zu zahlreichen Existenzgründungen ermutigt. Heute verfügen sogar manche mittelgroße Städte über mindestens einen Laden mit chinesischen Kräutern und in TCM geschultem Arzt. Auf alten Formeln basierende Heilmittel sind auch in einigen Apotheken und Reformhäusern erhältlich.

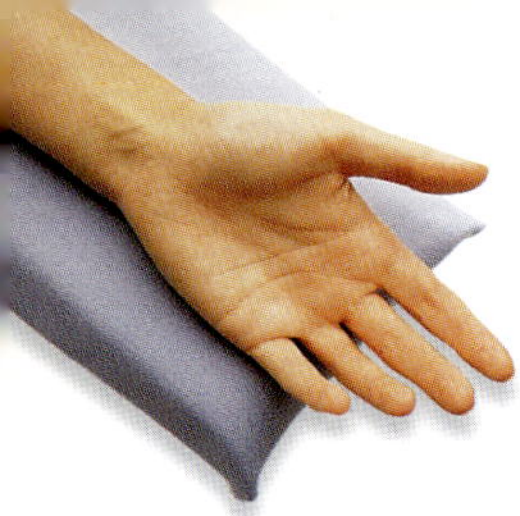

Puls

In der TCM legt der Patient beide Hände nacheinander auf ein kleines Polster, damit der Puls getastet werden kann.

DER GANG ZUM TCM-ARZT

Die Untersuchung durch einen in TCM geschulten Arzt mag zunächst befremdlich erscheinen, dennoch wäre ein europäischer Doktor aus dem 18. Jahrhundert mit dieser Vorgehensweise sehr vertraut. In beiden Fällen liegt der Schwerpunkt auf der sorgfältigen Untersuchung des äußeren Erscheinungsbildes und einer umsichtigen Befragung, um Symptome und Krankheitsursachen zu ermitteln.

Die Untersuchung

Die Untersuchung durch einen TCM-Arzt folgt meist einem etablierten Schema. Sie umfasst vier einzelne Phasen, um zu einer detaillierten Diagnose zu gelangen. Wenn das zugrunde liegende Syndrom identifiziert ist, werden bestimmte Heilkräuter verordnet, die nach einem genauen Plan einzunehmen sind.

Die vier Untersuchungsphasen

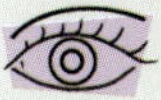

Betrachten

Zu Beginn der Untersuchung prüft der Arzt das allgemeine Erscheinungsbild des Patienten, zudem Gesichtsausdruck, Teint, Haltung und Gang. All dies liefert ihm Anhaltspunkte über die vorhandene Spannkraft und Energie. Ein versierter Arzt erfährt mit nur einem Blick fast alles, was er wissen muss.

Hören und Riechen

In der Phase des „Hörens und Riechens" konzentriert sich der Arzt auf die Stimme und den Atemrhythmus des Patienten sowie auf eventuelle Körpergerüche. Früher trat auch das Schmecken des Urins hinzu (ein süßlicher Geschmack kann auf Diabetes hindeuten).

Befragen

Nun erkundigt sich der Arzt nach speziellen Symptomen und Schmerzen und fragt den Patienten, ob er sich heiß oder kalt, hungrig oder durstig, ruhig oder unruhig fühlt.

Abtasten

Im Zentrum des abschließenden Abtastens steht das Pulsmessen an beiden Handgelenken, um anhand der neun Grundpulse weitere Erkenntnisse zu gewinnen. Dies wird manchmal ergänzt durch die Untersuchung der Körperoberfläche, um die Temperatur zu ermitteln und etwaige Schwellungen zu beurteilen.

Moderne TCM-Ärzte greifen bisweilen auch auf uns vertraute Methoden wie Blutdruckmessung und Erstellen des Blutbilds zurück, doch die traditionellen vier Phasen bilden unverändert die Grundlage jeder Untersuchung.

Betrachten

Gang, Teint und Gesichtsausdruck liefern zahlreiche Anhaltspunkte.

Fragwürdige Aspekte der chinesischen Medizin

Gefährdete Arten
Die Verwendung von Tigerknochen bei Gelenkschmerzen treibt den ohnehin bedrohten Tiger an den Rand der Auslöschung.

Die chinesische Medizin verwendet für ihre Rezepturen seit jeher Kräuter, Mineralien und Teile von Tieren, was nicht immer appetitlich ist. Hierzu zählen:

Hu Gu, Tigerknochen – bei schmerzhaften Gelenkbeschwerden;
Hai Ma, Seepferdchen – als Nierentonikum vor allem bei allgemein geschwächten älteren Menschen;
Hai Gou She, Seehundhoden – zur Stärkung der reproduktiven Energie;
Xiong Dan, Bärengalle – zum Ableiten von Hitze und Giftstoffen und gegen Schmerzen und Schwellungen bei Verstauchungen und Frakturen.

Für all diese Mittel gibt es zahlreiche geeignete Alternativen.

Schlechte Qualität

Die Qualität der aus China exportierten Heilkräuter ist nicht selten überaus fragwürdig, sei es wegen Verunreinigung durch synthetische Chemikalien oder wegen falscher Deklarierung. Diese Produkte können giftig sein.

Namenswirrwarr

Der Situation nicht eben zuträglich ist die bestehende Verwirrung bezüglich der chinesischen Pflanzennamen. Im Mandarin tragen manche Pflanzenarten den gleichen Namen, da sie zwar aus unterschiedlichen Landesteilen stammen, jedoch in ganz ähnlicher Weise verwendet werden. Fang Ji ist meist *Stephania tetranda*, kann jedoch in manchen Regionen auch *Cocculus trilocus* oder *Aristolachia fangchi* meinen; alle drei Kräuter wirken harntreibend und schmerzstillend. Da *Aristolachia* jedoch giftig ist, kann eine missbräuchliche Verwendung zu Nierenversagen führen. Ein in den 1990er-Jahren in Belgien vertriebenes Schlankheitsmittel machte man für 70 Fälle von Nierenversagen verantwortlich, da es *Aristolachia fangchi* enthielt anstatt der eher üblichen *Stephania tetranda*. Dies hatte zur Folge, dass vielerorts in Europa Restriktionen für alle Erzeugnisse mit der Aufschrift Mu Tong oder Fang Ji erlassen wurden. Eine solche Verwirrung hat wenig dazu beigetragen, gegenüber Ärzten wie Patienten die Sicherheit und Effizienz der chinesischen Medizin zu untermauern.

Bezugsquellen

Angesichts der fragwürdigen Qualität von zahlreichen aus China stammenden Heilkräutern bevorzugen manche Ärzte Fertigarzneien aus Japan, Kalifornien oder Singapur. Aus Gründen der Sicherheit kauft man am besten bei einem angesehenen Versandhändler, der seine Bezugsquellen offen legen kann.

CHINESISCHE HEILKRÄUTER IM PORTRÄT

Die traditionelle Beschreibung der Wirkungsweise chinesischer Kräuter kann für uns sehr verwirrend klingen. So etwa wird eine Pflanze vielleicht beschrieben als „Feuergifte bekämpfend", „Feuchte ableitend" oder „die Milzenergie kräftigend". Dies zeugt davon, dass die TCM eine Art von äußerem „Übel" oder ein inneres Ungleichgewicht als Krankheitsursachen ansieht. Manche traditionellen Inventare führen die Heilmittel in alphabetischer Reihenfolge auf, andere wiederum gruppieren sie nach exotisch klingenden Eigenschaften wie „Blut regulierend" oder „Hitze ableitend". Außerdem werden die Kräuter fast ausnahmslos im Rahmen komplexer Rezepturen aus wenigstens drei bis vier einzelnen Substanzen verwendet, sodass ein bestimmtes Heilkraut scheinbar unterschiedliche Eigenschaften besitzen kann.

Klassifizierung

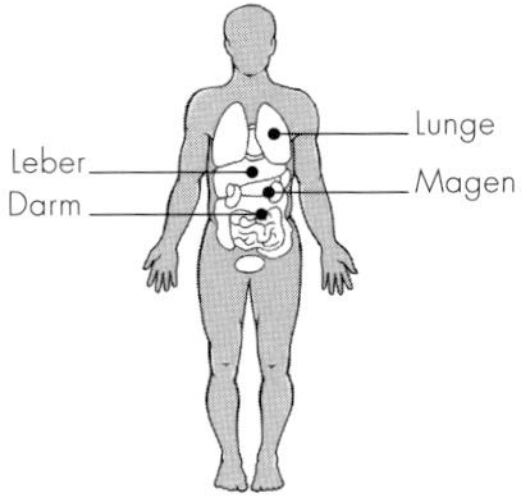

Innere Organe

In der TCM werden manche Krankheiten einer energetischen Schwäche oder Unausgewogenheit der inneren Organe zugeschrieben.

Die Heilkräuter werden in Mittel zur Behandlung „äußerer" und „innerer" Probleme unterteilt. Äußere oder oberflächliche Beschwerden würden im Westen etwa als Befindlichkeitsstörungen beschrieben. Hierzu zählen auch die meisten Kinderkrankheiten (Masern, Windpocken) sowie Erkältungen, Grippe und leichte Schmerzen. Viele der hier verwendeten Heilkräuter würden wir als antibakteriell oder schweißtreibend bezeichnen – sie tragen dazu bei, die Körpertemperatur bei Fieber zu senken.

Innere Erkrankungen sind in der Regel gravierender und werden in der TCM mit einem inneren Ungleichgewicht verbunden, das verschiedene Ursachen haben kann. Die in diesen Fällen verwendeten Kräuter besitzen häufig eine sehr spezifische Wirkungsweise. Sie sollen das innere Gleichgewicht wiederherstellen, indem sie die „Lebensenergie" oder ein inneres Organ stimulieren.

Die gewählten Heilmittel werden genau auf das identifizierte Krankheitssyndrom abgestimmt. Hierbei kann eine bestimmte Organschwäche – etwa eine Fehlfunktion der Leber oder Nieren – eine Rolle spielen oder ein mit Stoffwechselstörungen verbundenes Ungleichgewicht, das zu viel „Schleim" oder „Feuchte" zur Folge hat. Organschwäche behandelt man mit Kräutern, die eine Affinität für diesen Körperteil besitzen, da sie auf den entsprechenden Akupunkturmeridian wirken, während bei einem Übermaß an Feuchte ein warmes, trocknendes Mittel verordnet werden kann.

Kategorien

Die Heilkräuter auf den folgenden Seiten lassen sich typischen Gruppen zuordnen:

- Kräuter zum Ausgleich von Yin und Yang (siehe Seite 60–79)
- Kräuter zur Regulierung und Stärkung von Qi/Lebensenergie (siehe Seite 80–95)
- Kräuter zur Regulierung und Stärkung von Xue/Blut (siehe Seite 96–119)
- Kräuter zum Ableiten von Hitze (siehe Seite 120–143)
- Kräuter zum Wärmen des Körperinneren (siehe Seite 144–155)
- „Ableitende Kräuter" zur Entschlackung – im Westen würde man diese Kräuter als Abführmittel bezeichnen (siehe Seite 156–159)
- Kräuter zur Beseitigung schmerzhafter Blockaden – dies wären unsere Rheumamittel (siehe Seite 160–171)
- Kräuter zum Ableiten von Schleim und Feuchte (siehe Seite 172–199)
- Kräuter für die Essenz – eine energieartige Substanz, in der TCM für Kreativität und Reproduktion verantwortlich (siehe Seite 200–207)
- Kräuter zur Beruhigung des Geistes – grob vergleichbar mit unseren Beruhigungsmitteln (siehe Seite 208–213)

Weitere Informationen

Blut (Xue), siehe Seite 96–97; **Essenz (Jing),** Seite 200–201; **Qi,** Seite 88–89 und 92–93; **Bewusstsein (Shen),** Seite 208–209.

DIE FÜNF WANDLUNGSPHASEN

Die Philosophen im alten China lehrten, dass alles Leben eng miteinander verknüpft sei. Sie erklärten die saisonalen Veränderungen mit einem einfachen Modell: Der Winterregen ließ im Frühjahr neue Pflanzen ersprießen; diese wurden durch die Hitze des Sommers versengt, was zu Waldbränden führte; die entstandene Asche verwandelte sich zurück zu Erde. Aus der Erde stammten die Erze, die von Kupferschmieden verwendet wurden, wobei die Metalloberflächen das Wasser kondensieren ließen, sodass sich der Kreis schloss.

Organe und Körperfunktionen

Die Beobachtungen der chinesischen Philosophen wurden zum Modell der „fünf Wandlungsphasen" ausgebaut. Es leistet eine Verknüpfung der fünf Grundsubstanzen Wasser, Holz, Feuer, Erde und Metall, denen jeweils bestimmte Jahreszeiten, Richtungen, Farben, Körperorgane, Emotionen und Geschmacksrichtungen eigen sind. Jedes Element unterstützt oder hemmt die übrigen Elemente, mit denen es verknüpft ist, wobei diese Wirkungen auf die einzelnen Körperorgane ausgeweitet werden. Geschwächtes Wasser (verbunden mit den Nieren) kann bei der Kontrolle des Feuers (Herz) versagen, das nun Metall (assoziiert mit der Lunge) angreift. Daher wird ein TCM-Arzt in manchen Fällen von Asthma eine Nierenschwäche diagnostizieren und Stärkungsmittel verordnen, anstatt das Atemwegsleiden direkt zu therapieren.

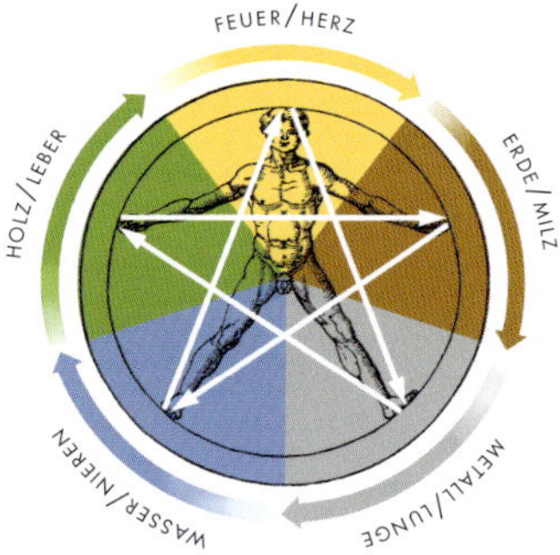

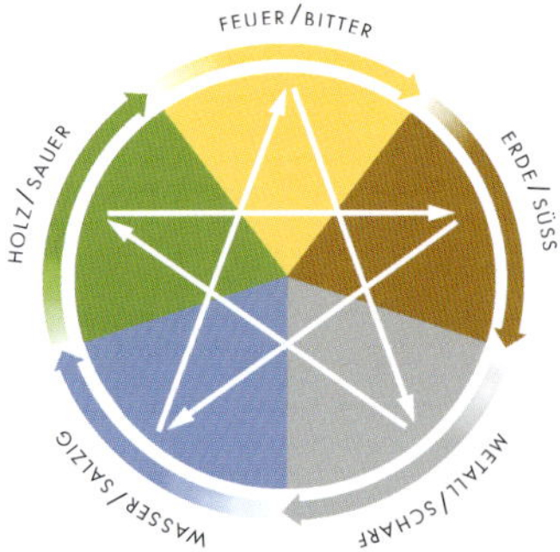

Empfindliches Gleichgewicht

Wasser kontrolliert Feuer und Feuer wiederum Metall. Falls das Wasser schwach ist und das Feuer nicht kontrollieren kann, wirkt dieses zu stark auf das Metall ein und schwächt es – was Auswirkungen auf den Rest des Zyklus hat. Wenn nur ein Element seine kontrollierenden/hemmenden Aufgaben nicht mehr erfüllt, entsteht ein besonders starkes und schädliches Ungleichgewicht.

Bezugssystem

Die Traditionelle Chinesische Medizin will das innere Gleichgewicht mit solchen Arzneimitteln wiederherstellen, die dazu beitragen, einen inhärenten „Überschwang" oder Schwächen innerhalb der fünf Wandlungsphasen auszugleichen.

Die unterschiedlichen Verknüpfungen zwischen den fünf Hauptelementen sind ein maßgeblicher Bestandteil jeder Diagnose. Da auch Farbe, Emotion und Geschmack in das Modell einfließen, kann eine ungewöhnliche Hautröte auf eine gestörte Herzfunktion hindeuten, während zu viel Wut auf überaktive Leberenergien verweisen mag (siehe Tabelle rechts). Auch saisonale Faktoren sind von Bedeutung. So machte man „Sommerhitze" verantwortlich für jedes Fieber bei heißem Wetter – zu einer Zeit, als man noch nichts von Hygiene und Infektionen wusste. Der Herbst wird in Zentralchina meist mit Trockenheit assoziiert; Mangel an Regen und Wasser brachte man in Zusammenhang mit saisonalen Lungenleiden (mit ihrem charakteristischen trockenen Husten).

Die acht Leitprinzipien

Anders als die westliche Medizin befasst sich die TCM in der Diagnostik wenig mit Bakterien oder Gewebeschäden. Stattdessen versucht man die Grundstruktur der Disharmonie zu ermitteln, um die Krankheitsursache herauszufinden.

Zunächst gilt es zu entscheiden, ob das Problem externer oder interner Natur ist (siehe Seite 36–37). Darauf folgt der Versuch, die Art des Ungleichgewichts zu bestimmen – sei es ein mit „Kälte" oder „Hitze" verknüpftes Problem, ein Ungleichgewicht zwischen den beiden Hauptelementen des taoistischen Denkens – Yin und Yang (siehe Seite 60–61) – oder ein Problem durch Überschuss oder Mangel an innerer Energie.

Dieser Prozess folgt den so genannten „acht Leitprinzipien" oder *Ba Gang*. Die Diagnose folgt dem logischen Erwägen der einzelnen Möglichkeiten und mündet im Ermitteln der eigentlichen Krankheitsursache.

Die acht Leitprinzipien: Ba Gang	
Mangel	Übermaß
Kälte	Hitze
Yin	Yang
Innen	Außen

Die fünf Wandlungsphasen und ihre Wirkungen

Element	Holz	Feuer	Erde	Metall	Wasser
Richtung	Osten	Süden	Zentrum	Westen	Norden
Farbe	Grün	Rot	Gelb	Weiß	Schwarz
Jahreszeit	Frühling	Sommer	Spätsommer	Herbst	Winter
Klima	Wind	Hitze	Feuchte	Trockenheit	Kälte
Festorgan (Zang)	Leber	Herz	Milz	Lunge	Nieren
Hohlorgan (Fu)	Gallenblase	Dünndarm	Magen	Dickdarm	Harnblase
Sinnesorgane	Augen (Sehen)	Zunge (Sprechen)	Mund (Schmecken)	Nase (Riechen)	Ohren (Hören)
Emotion	Wut	Freude/ Schrecken	Sorge	Traurigkeit/ Kummer	Furcht
Geschmack	Sauer	Bitter	Süß	Scharf/ stechend	Salzig
Gewebe	Sehnen/ Nägel	Blutgefäße/ Teint	Muskeln/ Lippen	Haut/Körperhaare	Knochen/ Haupthaar
Körperflüssigkeit	Tränen	Schweiß	Speichel	Schleim	Urin

Rou Dou Kou

Rou Dou Kou (Muskatnuss) ist eine wärmende Arznei, die oft verwendet wird, um Durchfall zu behandeln und Milz und Magen zu erwärmen.

GLEICHGEWICHT wiederherstellen. Nicht nur Krankheiten, sondern auch Pflanzen können anhand ihrer Beziehungen zu den fünf Wandlungsphasen definiert werden. Sie werden verwendet, um jenes Ungleichgewicht zu bekämpfen, das für das jeweilige Gesundheitsproblem verantwortlich ist. „Heiße" Leiden wie geschwollene, entzündete Gelenke oder Fieber behandelt man mit kühlenden Kräutern, während man einem Ungleichgewicht der fünf Organe mit speziellen Stärkungsmitteln begegnet, um die betroffenen Organe zu stärken oder zu kontrollieren.

Wu Wei Zi

Wu Wei Zi (Schisandra) dient dazu, das Qi aufzufüllen, Herz und Nieren zu stärken und die Bildung von Körperflüssigkeiten anzuregen.

Schulmedizin

Die westliche Medizin könnte die Wirksamkeit von Si Shen Wan (siehe Kasten rechts) damit erklären, dass Muskatnuss und Bu Gu Zhi auch bittere Adstringenzien sind, die die Symptome des Durchfalls lindern und die Verdauung anregen, während Wu Zhu Yu und Wu Wei Zi antibakteriell wirken, sodass sie die Normalisierung der Darmflora unterstützen und Begleitinfektionen bekämpfen.

Si Shen Wan

Während akuter Durchfall auf eine Lebensmittelvergiftung hindeuten könnte, wird chronischer Morgendurchfall in der TCM mit Kälte und Schwäche der Milz- und Nierenenergie verknüpft. Appetitmangel, Verdauungsstörungen und Rückenschmerzen treten häufig hinzu.

Si Shen Wan (Pillen aus den vier Wunderdrogen) wird bei derartigen Problemen häufig verwendet; die Hauptbestandteile sind Bu Gu Zhi, Wu Zhu Yu, Rou Dou Kou (Muskatnuss) und Wu Wei Zi. Frischer Ingwer (Sheng Jiang) und Chinesische Datteln (Da Zao) harmonisieren die Mixtur und wirken der leichten Giftigkeit von Wu Zhu Yu entgegen. Bu Gu Zhi und Wu Wei Zi sollen die Nierenenergie stärken, während Rou Dou Kou und Wu Zhu Yu wärmende Mittel sind, um die Kälte Kälte aus der Milz abzuleiten.

Insgesamt trägt diese Mixtur dazu bei, die das Problem begleitenden Symptome der Kälte und Energieschwäche zu bekämpfen, anstatt allein den Symptomen zu begegnen, wie es die westliche Schulmedizin wohl täte.

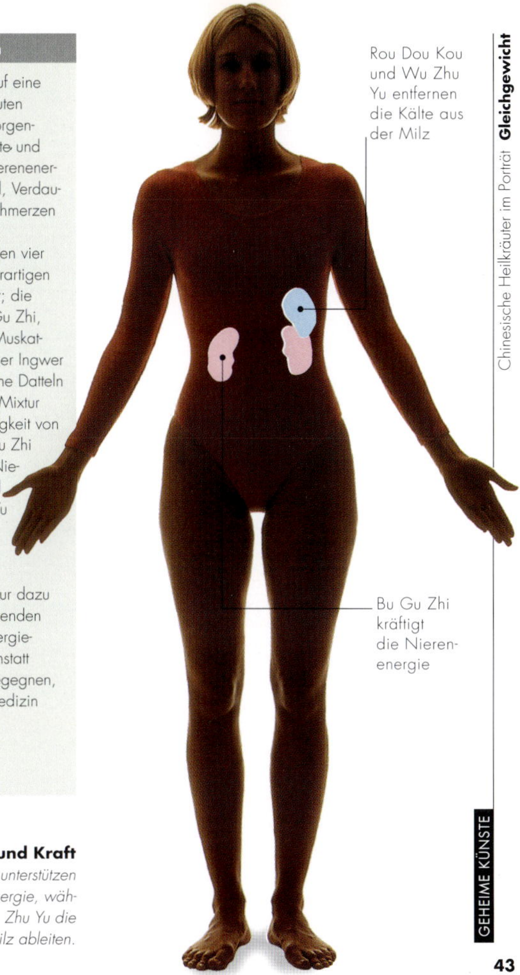

Wärme und Kraft

Bu Gu Zhi und Wu Wei Zi unterstützen die Stärkung der Nierenenergie, während Rou Dou Kou und Wu Zhu Yu die Kälte aus der Milz ableiten.

Kräuter für äußere Leiden

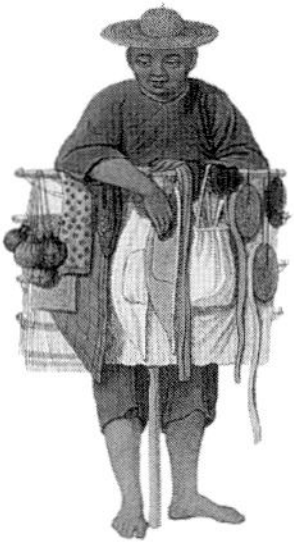

Schutzvorkehrung
Wenn sich altere Chinesen im Spätsommer im Freien aufhalten, tragen sie einen Hut, um Feuchte abzuwehren.

Als Mikroskope und Mikrobiologie noch Fremdwörter waren, machte man nicht Bakterien und Viren für Infektionen verantwortlich, sondern ein plötzlich von außen eintretendes Übel. In den zentralasiatischen Steppen des alten China waren dies die dramatischen saisonalen Veränderungen des Kontinentalklimas. Die großen „sechs Übel" waren:

Wind (Feng), verbunden mit dem Frühling.
Kälte (Han), typisch für den Winter.
Hitze (Re) oder **Sommerhitze (Shu),** verknüpft mit dem Hochsommer.
Feuchte (Shi), vor allem assoziiert mit den Regenfällen im Spätsommer.
Trockenheit (Zao), typisch für den Herbst.
Feuer (Huo), kann zu jeder Jahreszeit vorkommen, während die Hitze ein saisonales Übel darstellt.

Charakteristische Muster

Jedes dieser Übel besaß einige kennzeichnende Symptome. Fieber und Verkühlung oder veränderliche Schmerzen bezog man auf den Wind. Eine Feuchteattacke war durch Symptome wie eine triefende Nase oder Ödeme gekennzeichnet, während man die Hitze für sommerliches Fieber verantwortlich machte. Ein kalter Frühling galt chinesischen Ärzten als Vorbote für kältebedingte Leiden. Diese äußeren Übel können auch kombiniert auftreten, vor allem als Wind-Kälte und Wind-Hitze, vielleicht noch ergänzt durch Feuchte.

Die Übel bekämpfen

Die wichtigsten Kräuter für äußere Leiden teilt man in zwei Gruppen ein: warme, scharfe Kräuter gegen Wind-Kälte und kühle, scharfe Kräuter gegen Wind-Hitze.

Warme, scharfe Kräuter sind: Ma Huang, Gui Zhi, Zi Su Ye (Schwarznesselblätter, *Perilla frutescens*), Fang Feng (*Ledebouriella seseloides*), Qiang Huo (*Notopterygium incisium*), Gao Ben, Bai Zhi, Sheng Jiang, Xin Yi Hua (*Magnolia liliiflora*) und Cong Bai (Frühlingszwiebeln, *Allium fistulosum*).

Kräuter gegen Wind-Hitze sind: Bo He, Niu Bang Zi, Sang Ye, Ju Hua, Ge Gen, Chai Hu (*Bupleurum falcatum*) und Sheng Ma (*Cimicifuga foetida*).

Weitere Informationen

Banale Kinderkrankheiten gelten in der TCM als einfache äußere Leiden. Nur die jeweils genannten Kräuter sollten in Eigenregie verabreicht werden. Kinder im Alter von 3–4 Jahren erhalten ein Viertel der Erwachsenendosis, im Alter von 9–10 Jahren die Hälfte. Vor allem Säuglinge und Kleinkinder sollte man nicht ohne ärztliche Aufsicht behandeln.

MA HUANG *Ephedra sinica*

Ma Huang ist die Ursprungsquelle der Substanz Ephedrin, die bei asthmatischen und katarrhalischen Erkrankungen eingesetzt wird. Shen Nong bezeichnet es als Mittel gegen Malaria und Kopfschmerzen. Heute wird es vor allem bei äußeren, oberflächlichen Problemen eingesetzt, speziell gegen Wind-Kälte. Die Wurzel (Ma Huang Gen) ist ein Adstringens für starkes Schwitzen in Verbindung mit inneren Mangelzuständen.

Kurzporträt

Botanischer Name
Ephedra sinica

Umgangssprachlicher Name
Meerträubchen, Ephedra

Familie
Ephedraceae

Verwendete Teile
Zweige oder Stängel

Geschmack
Scharf, leicht bitter

Charakter
Warm

Meridiane
Lunge, Harnblase

Wirkungsweise
Krampflösend, antibakteriell, antiviral, schweißtreibend, harntreibend, fiebersenkend

Traditionelle Verwendung
- bei exzessiven oberflächlichen Syndromen aufgrund von Wind-Kälte
- die Schweißbildung fördern
- das Lungen-Qi mobilisieren
- die Harnbildung anregen

Typische Dosierung (China)
2–6 Gramm

Kombinationen
Zusammen mit Gui Zhi bei Wind-Kälte; häufig gemeinsam mit Xing Ren (Aprikosensamen, *Prunus armeniaca*) und Gan Cao bei Asthma und Atembeschwerden in Verbindung mit stockendem Lungen-Qi; mit Huang Qin, Sang Bai Pi und Shi Gao (Gips) bei hitzebedingter Lungenblockade; mit Gan Jiang bei angestauten Körpersäften.

EPHEDRA SINICA

Warnhinweise

Meiden bei Schlaflosigkeit, Mangelsyndromen (Seite 68–69) oder Bluthochdruck. Wegen der Giftigkeit gelten in vielen westlichen Ländern gesetzliche Einschränkungen.

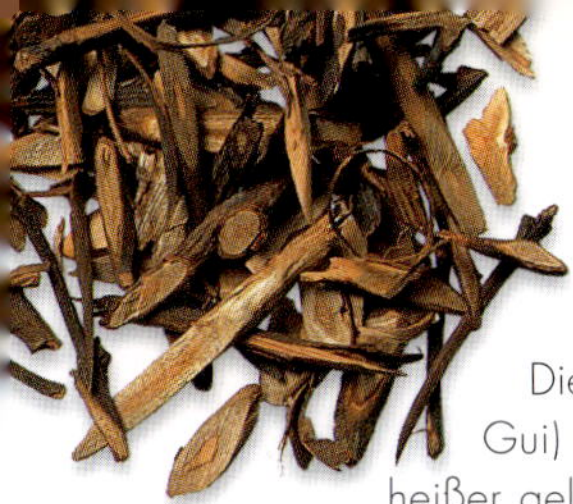

GUI ZHI Cinnamomum cassia

Die Zweige (Gui Zhi) wie auch die Rinde (Rou Gui) werden medizinisch verwendet – die als heißer geltende Rinde wirkt auf zentrale Körperregionen, während Gui Zhi das Äußere und die Ränder wärmen soll (ähnlich den Zweigen als den äußersten Teilen eines Baumes). Gui Zhi wurde erstmals um 660 n. Chr. in einem Kräuterbuch der Tangdynastie erwähnt und gilt als das Schwächere der beiden Mittel.

Kurzporträt

BOTANISCHER NAME
Cinnamomum cassia

UMGANGSSPRACHLICHER NAME
Zimtbaum, Zimtkassie

FAMILIE
Lauraceae

VERWENDETE TEILE
Zweige, Rinde

GESCHMACK
Scharf, süß

CHARAKTER
Warm

MERIDIANE
Herz, Lunge, Harnblase

WIRKUNGSWEISE
Antibakteriell, antimykotisch, antiviral, schmerzstillend, beseitigt Blähungen und Verdauungsstörungen, verbessert die Herzfunktion, harntreibend

TRADITIONELLE VERWENDUNG
- die Leit- und Netzbahnen wärmen
- Kälte vertreiben
- die Zirkulation des Yang-Qi verbessern
- das Herz-Yang stärken

TYPISCHE DOSIERUNG (CHINA)
3–9 Gramm

KOMBINATIONEN
Oft gemeinsam mit Ma Huang bei äußerer Kälte (Erkältungen, arthritische Beschwerden); zusammen mit Fu Ling, Gan Cao oder Dan Shen bei diversen herzbedingten Problemen wie Angina pectoris; mit Wu Zhu Yu bei mit Kälte verknüpften Bauch- und Regelschmerzen.

CINNAMOMUM CASSIA

Warnhinweise

In der Schwangerschaft, bei fiebrigen Erkrankungen, großer Hitze oder Feuer meiden.

Diagnose äußerer Leiden

Diagnose
Das Erscheinungsbild der Zunge (Farbe, Beschaffenheit, Form) ist ein wichtiges diagnostisches Mittel der TCM.

Früher waren die Ärzte ganz auf das angewiesen, was sie sehen, hören, riechen und tasten konnten. Folgende vier Diagnosephasen werden bis heute in der TCM verwendet:

- Betrachten des Erscheinungsbildes von Zunge, Nase, Teint usw.;
- Horchen auf Stimme und Atemrhythmus, Erriechen etwaiger Körpergerüche;
- Eingehende Befragung hinsichtlich der Symptome und des Allgemeinzustands;
- Abtasten des Körpers inklusive der komplexen chinesischen Pulsdiagnostik.

Das Oberflächliche erkennen

Zu den oberflächlichen oder äußeren Syndromen, die sich stark auf das äußere Erscheinungsbild auswirken, gehören die Mehrzahl der banalen Kinderkrankheiten sowie Probleme wie Schnupfen. Im Westen würde man eindringende Krankheitserreger (Bakterien oder Viren) hierfür verantwortlich machen und sie mit den gewohnten Anzeichen für eine Infektion (erhöhte Temperatur, Fieber, Schüttelfrost) verbinden. Je nach Symptomatik wird der TCM-Arzt jedoch das verantwortliche Übel identifizieren: Kälteleiden sind offenkundig durch Kältegefühl und blassen Teint gekennzeichnet, Hitzeleiden dagegen durch Schwitzen und Wärmegefühl. Falls Wind involviert ist, werden sich auch die Symptome verändern – eben wie der Wind; oft ist dies bei rheumatischen Attacken der Fall.

Kleinere Übel

Neben den sechs großen Übeln können äußere oder oberflächliche Leiden durch folgende Faktoren verursacht werden:

- falsche Ernährung, da Nahrung die Quelle der Lebensenergie darstellt;
- Erschöpfung, die durch Aufzehren der Lebensenergie (Qi) schwächt;
- Untätigkeit oder zu viel Freizeit, mit Verlangsamung der Energie- und Blutzirkulation, gefolgt von Stagnation und Fehlfunktion von Milz und Magen;
- sexuelle Exzesse mit Schädigung der reproduktiven Energien und der Nieren;
- Unfälle und Verletzungen;
- Epidemien – heute dank besserer Gesundheitsvorsorge eine Seltenheit;
- Insektenstiche und Bissverletzungen durch Tiere.

Beobachtung

„Der versierte Arzt erkennt durch Beobachten, der mittelmäßige durch Befragen und der gewöhnliche Arzt durch Abtasten."
Zhang Zhongjing, um 150–219 n. Chr.

GAO BEN Ligusticum sinense

Diese Pflanze ist eng mit dem Liebstöckel verwandt, den wir als Küchengewürz verwenden. Gao Ben wird häufig bei Menstruationsproblemen und nach der Entbindung verordnet, wenngleich er vor allem dazu dient, Verkühlungen zu behandeln und Schmerzen zu lindern. Bei Shen Nong heißt es, die Pflanze sei nützlich bei Kopfschmerzen in Verbindung mit Wind; auch helfe sie, „dem Antlitz eine einnehmende Färbung zu verleihen".

Kurzporträt

Botanischer Name
Ligusticum sinense

Umgangssprachlicher Name
Chinesischer Liebstöckel

Familie
Umbelliferae/Apiaceae

Verwendete Teile
Wurzel und Wurzelstock

Geschmack
Scharf

Charakter
Warm

Meridiane
Harnblase

Wirkungsweise
Antimykotisch, schmerzstillend, krampflösend

Traditionelle Verwendung
- Wind-Kälte-Symptome beseitigen
- diverse Wind-Feuchte-Symptome beseitigen

Typische Dosierung (China)
2–10 Gramm

Kombinationen
Zusammen mit Chuan Xiong und anderen wärmenden Kräutern bei Kopfschmerzen in der Scheitelregion; mit Wu Zhu Yu und Xiao Hui Xiang bei Bauchschmerzen in Verbindung mit Kälte-Feuchte; mit Cang Zhu bei Rücken- und Gelenkschmerzen.

LIGUSTICUM SINENSE

Warnhinweis

Meiden bei innerer Hitze durch Yin-Mangel (siehe Seite 68–69).

BAI ZHI

Angelica anomala Bai Zhi ist eine von mehreren Angelica-Sorten, die in der chinesischen Medizin verwendet werden. Shen Nong nennt es als wichtigste Arznei bei Scheidenausfluss und als spezielles Mittel zur Bekämpfung von Windproblemen im Zusammenhang mit Kopfschmerzen und wässerigen Augen. Die Pflanze bezeichnet er mit dem alternativen Namen Fang Ziang (Duft), während Bai Zhi mit „weißes Papier" wiedergegeben wird.

Kurzporträt

Botanischer Name
Angelica anomala

Umgangssprachlicher Name
Chinesische Engelwurz

Familie
Umbelliferae/Apiaceae

Verwendete Teile
Wurzel

Geschmack
Scharf

Charakter
Warm

Meridiane
Lunge, Magen

Wirkungsweise
Antibakteriell, schmerzstillend, schweißtreibend

Traditionelle Verwendung
- Wind ableiten, vor allem bei Wind-Kälte-Syndromen
- eitrige Schwellungen beseitigen
- (Kopf-)Schmerzen lindern
- Feuchte austrocknen

Typische Dosierung (China)
3–9 Gramm

Kombinationen
Zusammen mit Cang Er Zi und Xin Yi Hua (*Magnolia liliiflora*) bei Wind-Kälte in Verbindung mit Nasenschleimhautentzündung; mit Chuan Xiong bei Schmerzen und Kopfschmerzen (speziell Stirnregion); mit Bai Zhu und Zhe Bei Mu gegen Furunkel und andere eitrige Schwellungen.

ANGELICA ANOMALA

Warnhinweis

Meiden bei Anzeichen für stockende Hitzesyndrome in Verbindung mit Yin-Mangel (siehe Seite 68–69).

Syndrome der Wind-Kälte

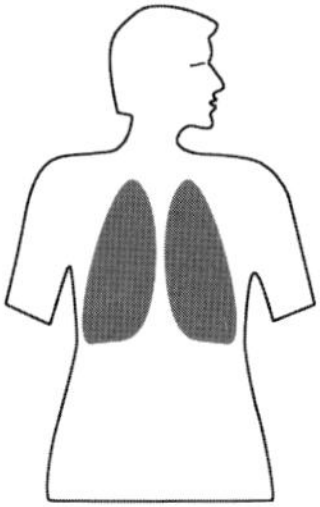

Lunge
Die Lunge wird bisweilen durch äußere Leiden, die nach innen wandern, beeinträchtigt.

Wind-Kälte wie auch Wind-Hitze könnte man im Westen als Varianten von Erkältungen, banalen Atemwegsinfektionen, Muskelschmerzen und Grippe einstufen; in der TCM werden sie jedoch unterschiedlich behandelt.

Wind-Kälte ist gekennzeichnet durch starkes Frösteln, leichtes Fieber, fehlendes Schwitzen, Kopfschmerzen, Schmerzen in anderen Körperpartien, dünnen weißen Belag auf der Zunge und oberflächlichen Puls. Husten oder Atemprobleme können hinzutreten.

Wind-Kälte kann für Schnupfen, aber auch für Schwellungen, Furunkel, Asthma, Nacken- und Kopfschmerzen verantwortlich sein.

Zur Behandlung von Wind-Kälte verwendet man warme, scharfe Kräuter. Oft reicht bereits eine Abkochung aus Ingwer und Zimt. Hierzu 1–2 Scheiben frische Ingwerwurzel zehn Minuten in einer Tasse Wasser köcheln lassen, eine Prise gemahlenen Zimt zugeben und abseihen. Dreimal täglich trinken. Gui Zhi ist gegenüber der in der westlichen Küche verwendeten Sorte (*Cinnamomum zeylanicum*) zu bevorzugen.

Gui Zhi Tang

Ein traditionelles Mittel gegen Wind-Kälte ist Gui Zhi Tang:
Gui Zhi 6 Gramm;
Bai Shao Yao 6 Gramm;
Sheng Jiang 3 Gramm;
Gan Cao 3 Gramm;
Da Zao 3 Gramm.
Bei gleichzeitigen Kopfschmerzen durch Nackensteifheit kann Ge Gen (3 Gramm) hinzugefügt werden.

Xing Su San

Dieses Mittel gegen Wind-Kälte ist hilfreich bei Husten mit dünnem Auswurf oder wässerigem Nasensekret. Es besteht aus mehreren Kräutern zum Ableiten von Feuchte und Schleim sowie den spezifischen Zutaten gegen Wind-Kälte:

Xing Ren (Aprikosensamen, *Prunus armeniaca*) 6 Gramm;
Zi Su Ye (Schwarznesselblätter, *Perilla frutescens*) 6 Gramm;
Zhi Ke (reife Bitterorange, *Citrus aurantium*) 6 Gramm;
Jie Geng 6 Gramm;
Chen Pi 6 Gramm;
Ban Xia 6 Gramm;
Fu Ling 9 Gramm;
Sheng Jiang 3 Gramm;
Gan Cao 3 Gramm;
Da Zao 3 Stücke.

Die Zutaten werden traditionell als Pulvermischung eingenommen. Es kann jedoch auch eine Abkochung zubereitet werden, die der Tagesdosis entspricht. Bei gleichzeitigem Durchfall und Völlegefühl können 3–6 Gramm Hou Po und Cang Zhu hinzugegeben werden.

BO HE

Mentha arvensis Ackerminze verwendet man im Westen auch dazu, um Milch vor dem Gerinnen zu bewahren. In China gilt Bo He als bevorzugtes Mittel bei oberflächlichen „Wind-Hitze"-Problemen wie fiebriger Erkältung, juckendem Hautausschlag und einsetzender Grippe. Bo He wird seit 1500 Jahren medizinisch verwendet und ist erstmals im *Lei Gong Pao Zhi Lun* (*Großvater Leis Kompendium der Kräuterzubereitungen*) erwähnt, das um 470 n. Chr. von Lei Xiao verfasst wurde.

Kurzporträt

Botanischer Name
Mentha arvensis

Umgangssprachlicher Name
Chinesische Ackerminze

Familie
Labiatae/Lamiaceae

Verwendete Teile
Oberirdische Teile

Geschmack
Scharf

Charakter
Kühl

Meridiane
Leber, Lunge

Wirkungsweise
Antibakteriell, entzündungshemmend, krampflösend, schmerzstillend, schweißtreibend

Traditionelle Verwendung
- Wind- und Hitze-Übel vertreiben
- Kopf und Augen klären, aufheitern
- das Aufblühen der Haut fördern (etwa bei Masern)
- stockendes Leber-Qi vertreiben, Depressionen lindern

Typische Dosierung (China)
2–6 Gramm

Kombinationen
Zusammen mit Lian Qiao, Jin Yin Hua und anderen Kräutern im klassischen Yin Qiao San, einer Grundarznei bei Wind-Hitze-Syndromen; mit Ju Hua, Niu Bang Zi und anderen Kräutern vermengt, dient es zur Behandlung von Kopfschmerzen und empfindlichen Augen im Zusammenhang mit Windproblemen.

Warnhinweis

Meiden bei Yin-Mangel (siehe Seite 68–69) und übermäßigem Leber-Qi.

NIU BANG ZI Arctium lappa

In der europäischen Kräuterheilkunde verwendet man Blätter und Wurzel der Klette, in China jedoch ausschließlich die Samen. Erstmals in einem chinesischen Kräuterbuch aus dem 11. Jahrhundert aufgeführt, werden sie heute vorwiegend bei Wind-Hitze-Syndromen wie etwa Schnupfen eingesetzt, aber auch bei Halsentzündung, Mandelentzündung, Mumps, Masern, Abszessen und Karbunkeln.

Kurzporträt

BOTANISCHER NAME
Arctium lappa

UMGANGSSPRACHLICHER NAME
Große Klette

FAMILIE
Compositae/Asteraceae

VERWENDETE TEILE
Samen

GESCHMACK
Scharf, bitter

CHARAKTER
Kalt

MERIDIANE
Lunge, Magen

WIRKUNGSWEISE
Antibakteriell, antimykotisch, harntreibend, senkt Blutzuckerspiegel und Blutdruck, abführend

TRADITIONELLE VERWENDUNG
- Wind und Hitze ableiten
- Feuergifte neutralisieren
- Bildung und Auflösung von Hautausschlägen bei Infektionen wie etwa Masern beschleunigen
- den Darm befeuchten

TYPISCHE DOSIERUNG (CHINA)
3–10 Gramm

KOMBINATIONEN
Zusammen mit Kräutern wie Jin Yin Hua, Lian Qiao und Jie Geng bei Wind-Hitze-Problemen; mit Ge Gen, Bo He und anderen Kräutern bei Masern und juckenden Hautleiden im Zusammenhang mit Wind-Hitze-Problemen; mit Ju Hua gegen Furunkel und entzündliche Schwellungen.

ARCTIUM LAPPA

Warnhinweis

Bei geringsten Anzeichen von Durchfall meiden.

Syndrome der Wind-Hitze

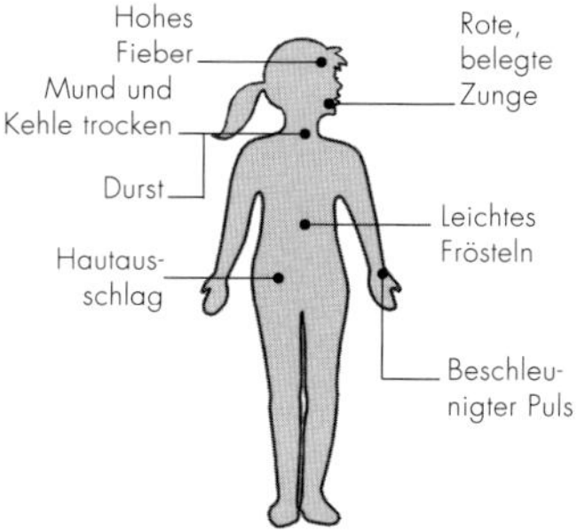

Komplex

Wind-Hitze-Syndrome können mit einer Mixtur von Symptomen einhergehen, die man im Westen gewöhnlich mit Kinderkrankheiten wie Masern verbindet.

Wind-Hitze-Symptome sind komplexer Natur und eventuell mit Hautausschlag und Fieber verbunden. Sie umfassen zahlreiche Infektionen im Kindesalter, beispielsweise Röteln, Windpocken und Masern. Typische Symptome sind leichtes Frösteln, hohes Fieber, Trockenheit von Mund und Kehle, Durst, Rötung von Spitze und Rändern der Zunge (mit dünnem, gelbem Belag), erhöhter, oberflächlicher Puls und eventuell Hautausschlag (wie bei Masern). Wind-Hitze-Leiden können auch eine eher chronische Form annehmen (beispielsweise Ekzem oder Akne).

Yin Qiao Tang

Ein typisches Rezept gegen Wind-Hitze-Probleme ist Yin Qiao Tang oder das entsprechende Pulver (Yin Qiao San). Es besteht aus zehn Zutaten:

Jin Yin Hua 9 Gramm;
Lian Qiao 9 Gramm;
Niu Bang Zi 6 Gramm;
Bo He 3 Gramm – kurz vor dem Abseihen zugeben;
Ban Lang Gen (Färberwaid – die Wurzel der einst im Westen zum Färben verwendeten *Isatis tinctoria*) 9 Gramm;
Xuan Shen 6 Gramm;
Jie Geng 6 Gramm;
Dan Zhu Ye (*Lophatherum gracile* – fiebersenkend) 3 Gramm;
Dan Dou Chi (fermentierte Sojasamen, *Glycine* max) 9 Gramm;
Gan Cao 3 Gramm.

Jing Jie (*Schizonepeta tenuifolia*), ein Wind-Kälte-Mittel, kann als wärmende Zutat hinzugegeben werden, bei starkem Husten auch Kräuter wie Zhe Bei Mu (6 Gramm), oder gegen hohes Fieber und Kopfschmerzen Ge Gen (6 Gramm) und Huang Qin (6 Gramm).

Andere mögliche Ursachen

Neben Wind-Kälte und Wind-Hitze könnten die Symptome einer Erkältung oder leichten Infektion auch auf saisonale Probleme zurückgeführt werden, etwa auf Sommerhitze plus Feuchte.

Interne Faktoren können ebenfalls eine Rolle spielen, da die geschwächte Lebensenergie den Betreffenden anfälliger für negative äußere Faktoren macht.

Weitere Informationen

Bo He, siehe Seite 54; **Gan Cao,** Seite 90; **Ge Gen,** Seite 59; **Huang Qin,** Seite 135; **Jie Geng,** Seite 191; **Jin Yin Hua,** Seite 142; **Lian Qiao,** Seite 143; **Niu Bang Zi,** Seite 55; **Xuan Shen,** Seite 131; **Zhe Bei Mu,** Seite 195.

JU HUA Dendranthema x grandiflorum

Ju Hua, die Blütenköpfe der Chrysantheme, bilden in China das Ausgangsmaterial für einen kühlenden Tee, der inzwischen auch in manchen Supermärkten erhältlich ist. Ju Hua ist seit mehr als 2000 Jahren in Gebrauch und wird von Shen Nong erstmals erwähnt – unter dem alternativen Namen Jie Hua (saisonale Blume) und mit dem Versprechen, längere Einnahme würde „das Altern verlangsamen und das Leben verlängern".

Kurzporträt

Botanischer Name
Dendranthema x grandiflorum

Umgangssprachlicher Name
Chrysantheme

Familie
Compositae/Asteraceae

Verwendete Teile
Blüten

Geschmack
Scharf, bittersüß

Charakter
Kühl

Meridiane
Lunge, Leber

Wirkungsweise
Antibakteriell, antimykotisch, antiviral, entzündungshemmend, blutdrucksenkend, gefäßerweiternd

Traditionelle Verwendung
- Wind und Hitze vertreiben
- Leber-Hitze ableiten und Leber-Wind beruhigen
- Giftstoffe neutralisieren

Typische Dosierung (China)
9–18 Gramm

Kombinationen
Zusammen mit Chuan Xiong bei Kopfschmerzen durch äußere Wind-Hitze; mit Gou Qi Zi bei Kopfschmerzen, Benommenheit und Schwindel durch aufsteigendes Leber-Yang; mit Sang Ye, Bo He, Jie Geng, Lian Qiao und anderen Kräutern im Sang Ju Yin, um die für Schnupfen und Grippe typischen Symptome der Wind-Hitze zu lindern.

DENDRANTHEMA X GRANDIFLORUM

Warnhinweis

Meiden bei Durchfall und Qi-Mangel (siehe Seite 80–89).

GE GEN

Pueraria lobata Obwohl Ge Gen in den USA als Unkraut geschmäht wird, ist die Kapoubohne jüngeren Studien zufolge ein wirksames Mittel gegen Suchterkrankungen, vor allem Alkoholismus. In der chinesischen Volksheilkunde bevorzugt man die Blüte anstatt der Wurzel als Mittel gegen Trunksucht, wenngleich Shen Nong die Wurzel vor allem empfiehlt, um das Erbrechen zu fördern und diverse Giftstoffe auszuschwemmen.

Kurzporträt

Botanischer Name
Pueraria lobata

Umgangssprachlicher Name
Kapoubohne

Familie
Leguminosae/Papilionaceae

Verwendete Teile
Wurzel

Geschmack
Süß, scharf

Charakter
Kühl

Meridiane
Milz, Magen

Wirkungsweise
Krampflösend, kreislauffördernd, fiebersenkend, leicht blutdrucksenkend, reduziert den Blutzuckerspiegel

Traditionelle Verwendung
- die Übel der Wind-Hitze und Wind-Kälte vertreiben
- das Yang-Qi erhöhen
- Hautausschlag lindern, Körpersäfte erzeugen und den Körper kühlen

Typische Dosierung (China)
1–9 Gramm

Kombinationen
Zusammen mit Bo He bei fiebriger Erkältung und in den frühen Phasen der Masern; mit Shan Yao (Yamswurzel, *Dioscorea opposita*) und Fu Ling bei Durchfall in Verbindung mit Mangelerscheinungen in Milz und Magen; kann zusammen mit Ma Huang, Gui Zhi und Bai Shao Yao bei Wind-Kälte-Problemen verwendet werden.

PUERARIA LOBATA

Warnhinweise

Bei verkühltem Magen oder übermäßigem Schwitzen meiden.

Yin und Yang

Gleichgewicht
Das traditionelle Symbol für Yin und Yang veranschaulicht die wechselseitige Durchdringung beider Elemente.

Die taoistischen Begriffe Yin und Yang sind auch im Westen vielen Menschen als alternierende Aspekte der allen Dingen innewohnenden Schöpfungskraft vertraut.

Nach traditioneller Vorstellung wird das Yang durch Feuer „definiert". Alles, was warm, hell und leuchtend ist, aufstrebt, aktiv ist oder erregt, gilt demnach ebenfalls als Yang. Wasser jedoch steht für das Yin – kalt, trüb, schwer, abwärts gerichtet, passiv und hemmend. Beide Aspekte sind jedoch stets zugegen. Als heiße, helle Jahreszeit ist der Sommer mehr Yang, enthält aber auch Yin. Der feuchte kalte Winter ist nahezu ganz Yin, besitzt dennoch einen Rest Yang.

Yin und Yang werden auch auf den menschlichen Körper bezogen: Substanzen (statisch) sind eher Yin, während die Körperfunktionen (Aktivitäten) eher Yang sind. Organe, Blut und Körperflüssigkeiten sowie das Innere tendieren zum Yin, während Funktionen wie Atmung und Verdauung sowie das Äußere eher als Yang aufgefasst werden. Ähnlich gelten die Füße (wie Wasser nach unten gerichtet) als Yin, der Kopf (wie Feuer nach oben strebend) dagegen als Yang.

Kräuter für Yin und Yang

Ein geschwächtes Yin oder Yang wird gewöhnlich mit besonderen Ungleichgewichten der inneren Organe (Zang-Fu) verbunden, weshalb oftmals organspezifische Kräuter verwendet werden – etwa für mangelndes Nieren-Yang oder Lungen-Yin. Viele dieser Mittel basieren leider auf tierischen Produkten. Bedeutende Yang-Stärkungsmittel sind Ge Jie

(Gecko), Hai Ma (Seepferdchen), Hu Lu Ba, Hu Tao Ren, Bu Gu Zhi, Yi Zhi Ren (*Alpinia oxyphylla*), Du Zhong, Xu Duan (Japanische Karde, *Dipsacus japonica*) und Tu Si Zi (Teufelszwirnsamen, *Cuscuta chinensis*).

Kräuter, die das Yin stärken, sind etwa Xi Yang Shen, Tian Men Dong (Spargelwurzel, *Asparagus cochinchinensis*), Mai Men Dong (*Ophiopogon japonicus*), Shu Hu, Yu Zhu (Wurzelstock der Wohlriechenden Weißwurz, *Polygonatum odoratum*), Han Lian Cao, Nu Zhen Zi, Hei Zhi Ma (Sesamsamen, *Sesamum indicum*) und Gui Ban (Schildkrötenpanzer). Yin und Yang gleichermaßen dienlich sind Mittel wie Dong Chong Xia Cao und Yin Yang Huo.

Von früh bis spät

„Yang ist im Yin und Yin ist im Yang. Vom Morgengrauen bis zum Mittag ist das Yang des Himmels das Yang im Yang. Bis zur Abendröte ist das Yang des Himmels das Yin im Yang. Bis Mitternacht ist das Yin des Himmels das Yin im Yin. Bis zur Morgenröte ist das Yin des Himmels das Yang im Yin."

Huang Di Nei Jing, um 2500 v. Chr.

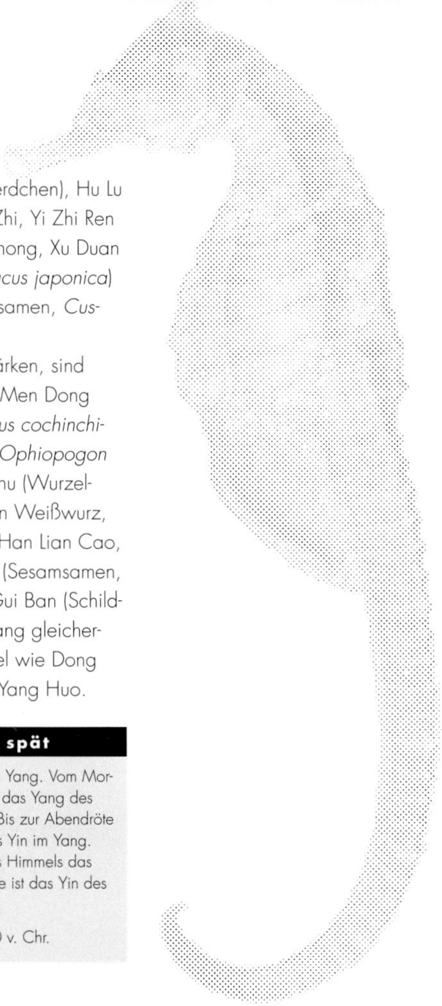

DONG CHONG XIA CAO

Cordyceps sinensis Der Raupenpilz ist ein Parasit, der auf bestimmten Raupen wächst. Die traditionell in China verwendete Arznei enthielt auch tote Larven des Wirtstiers, auf das heute jedoch vielfach bei der Züchtung des Pilzes verzichtet wird. Im alten China war Dong Chong Xia Cao ganz dem Kaiser und seinem Gefolge vorbehalten und wurde zusammen mit Bratente als therapeutische Mahlzeit gereicht.

Kurzporträt

Botanischer Name
Cordyceps sinensis

Umgangssprachlicher Name
Chinesischer Raupenpilz

Familie
Clavicipitaceae (Pilz)
Lepidoptera (Raupe)

Verwendete Teile
Gesamter Pilz (auf der Larve von *Hepialus armoricanus*)

Geschmack
Süß

Charakter
Warm

Meridiane
Lunge, Nieren

Wirkungsweise
Krebsabwehrend, antiasthmatisch, die Nebennieren anregend, antibakteriell beruhigend

Traditionelle Verwendung
- die Lunge nähren, Nieren und Essenz (Jing) stärken
- das Lungen-Yin ernähren, Husten vertreiben

Typische Dosierung (China)
6–9 Gramm

Kombinationen
Oft zusammen mit Ente, Huhn oder Schweinefleisch, gekocht als Stärkungsmittel, bei Entkräftung und geschwächtem Wei Qi; kombiniert mit Du Zhong und Yin Yang Huo bei Impotenz und Rückenschmerzen im Zusammenhang mit mangelndem Nieren-Yang; mit Xing Ren (Aprikosensamen, *Prunus armeniaca*) u.a. Mitteln bei Husten und Asthma.

CORDYCEPS SINENSIS

Warnhinweis

Meiden bei äußeren/oberflächlichen Syndromen (siehe Seite 44–45).

YIN YANG HUO **Epimedium sagittatum**

Moderne Studien haben bestätigt, dass das „geile Ziegenkraut" (so die wörtliche Übersetzung) tatsächlich die Spermienbildung erhöht und durch Stimulation der sensorischen Nerven das sexuelle Verlangen steigert. Shen Nong empfiehlt es bei Impotenz und merkt an, dass es das Qi, die Essenz (Jing) und die Willenskraft (Zhi) stärkt.

Kurzporträt

BOTANISCHER NAME
Epimedium sagittatum

UMGANGSSPRACHLICHER NAME
Elfenblume, Bischofsmütze

FAMILIE
Berberidaceae

VERWENDETE TEILE
Oberirdische Teile

GESCHMACK
Scharf

CHARAKTER
Warm

MERIDIANE
Leber, Nieren

WIRKUNGSWEISE
Aphrodisisch, antibiotisch, blutdrucksenkend, harntreibend (bei niedriger Dosierung), senkt den Blutzuckerspiegel, antiasthmatisch

TRADITIONELLE VERWENDUNG
- die Vitalfunktion der Nieren auffüllen, Yang und Essenz stärken
- Yin und Yang kräftigen, das aufsteigende Leber-Yang kontrollieren
- innere Wind-Kälte-Feuchte vertreiben

TYPISCHE DOSIERUNG (CHINA)
9–15 Gramm

KOMBINATIONEN
Zusammen mit Wu Wei Zi und Gou Qi Zi bei Impotenz und Unfruchtbarkeit mit unzureichender Nierenenergie; mit Huang Bai und Zhi Mu (*Anemarrhena asphodeloides*) bei Wechseljahrsbeschwerden.

EPIMEDIUM SAGITTATUM

Warnhinweis

Meiden bei Yin-Mangel (siehe Seite 68–69) und Feuer-Syndromen. Nach 1–2 Wochen absetzen. In hohen Dosen vermutlich toxisch.

Yin und Yang ausgleichen

In einem gesunden Körper verändert sich die Beziehung zwischen Yin und Yang andauernd. Wer Sport treibt, wird mehr Yang, und wer sich zu Hause ausruht, wird mehr Yin. Beide energetischen Kräfte zügeln und kontrollieren sich gegenseitig. Bei einer Erkrankung jedoch geraten Yin und Yang aus dem Gleichgewicht, das mit Hilfe von Kräutern wiederhergestellt werden soll.

Die TCM unterscheidet vier Arten des Ungleichgewichts: Überaktives Yin schädigt Yang, überaktives Yang schädigt Yin, übermäßiges Yang durch zu wenig Yin sowie übermäßiges Yin durch zu wenig Yang.

Für den Arzt gilt es nun, die Art des Ungleichgewichts anhand der entsprechend gedeuteten Symptome zu ermitteln. Fieber und Entzündungen könnte man etwa als übermäßiges Yang ansehen – dem wiederum mag ein überaktives Yang oder einfach nur ein schwaches Yin zugrunde liegen.

Während der Arzt den Patienten beobachtet und befragt (siehe Seite 30–31), versucht er den Status von Yin und Yang zu ermitteln, indem er sich

Diagramm
Das individuelle Wohlbefinden hängt vom Gleichgewicht zwischen Yin und Yang ab.

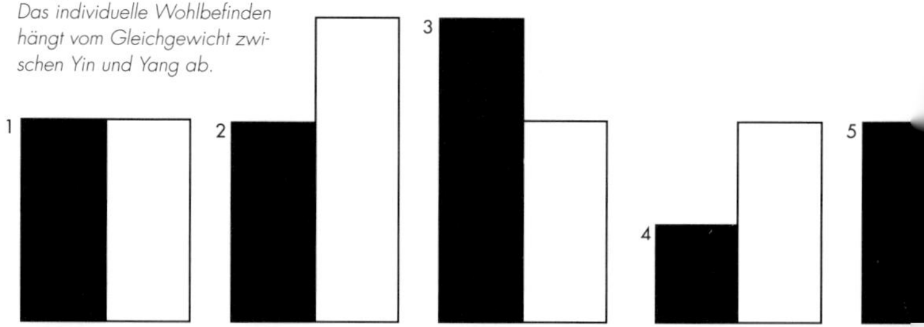

speziellen Wechselbeziehungen zuwendet. Ein Patient mit Yang-Mangel wird eher leise sprechen, ruhig dasitzen oder sich gemächlich bewegen. Bei übermäßigem oder starkem Yang ist eher das Gegenteil der Fall. Auch die Gesichtsfarbe ist von Bedeutung: Ein blasser, matter Teint zeugt von übermäßigem Yin oder mangelndem Yang, ein hochrotes Gesicht dagegen von übermäßigem Yang.

Diagnose

Folgende charakteristischen Merkmale werden für die Diagnose verwendet:

Yin	**Yang**
Unteraktiv	Überaktiv
Hemmung	Erregung
Regungslosigkeit	Unruhe
Blasses oder fahles Gesicht	Gerötetes oder helles Gesicht
Leise Stimme	Laute Stimme

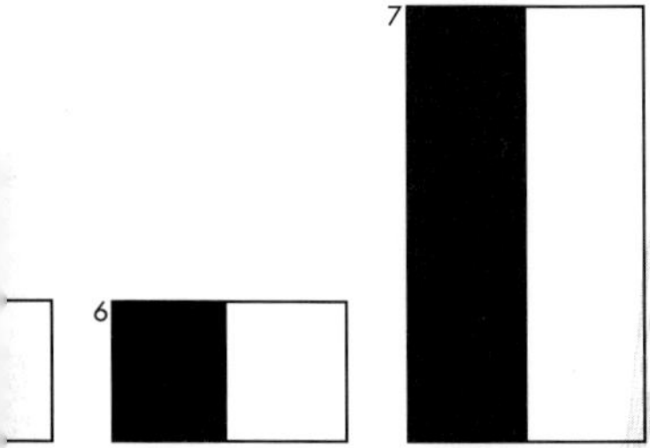

Schlüssel

Das Diagramm (links) veranschaulicht verschiedene Yin-Yang-Syndrome.

1 Yin und Yang im Gleichgewicht

2 Zu viel Yang: heißes Überschuss-Syndrom

3 Zu viel Yin: kaltes Überschuss-Syndrom

4 Zu wenig Yin: heißes Mangel-Syndrom

5 Zu wenig Yang: kaltes Mangel-Syndrom

6 Zu wenig Yin und Yang

7 Zu viel Yin und Yang

HU LU BA

Trigonella foenum-graecum Bockshornklee, eine in der arabischen und indischen Küche verwendete Zutat, hat wärmende Eigenschaften und ist deshalb ein ideales Mittel zur Behandlung von unterschiedlichen Erkältungen und Verkühlungen des Bauches, außerdem ein Yang-Tonikum für die Nieren. Im Nahen Osten wird es sogar als *hilba* gegen Regelschmerzen und Koliken eingesetzt.

Kurzporträt

Botanischer Name
Trigonella foenum-graecum

Umgangssprachlicher Name
Bockshornklee

Familie
Leguminosae/Papilionaceae

Verwendete Teile
Samen

Geschmack
Scharf, bitter

Charakter
Sehr warm

Meridiane
Nieren

Wirkungsweise
Bekämpft Parasiten, abführend, den Milchfluss anregend

Traditionelle Verwendung
- die Nieren wärmen und Kälte vertreiben
- Schmerzen lindern

Typische Dosierung (China)
3–9 Gramm

Kombinationen
Zusammen mit Xiao Hui Xiang bei leistenbruchartigen Beschwerden und Regelschmerzen; kombiniert mit anderen Nierenmitteln wie Bu Gu Zhi (siehe Seite 70) bei Schmerzen und Kälte in Unterleib und Rücken.

TRIGONELLA FOENUM-GRAECUM

Warnhinweis

Meiden bei Feuer-Symptomen, während der Schwangerschaft oder bei Yin-Mangel (siehe Seite 68–69).

HU TAO REN

Juglans regia Im Westen schätzt man die Walnuss als sanftes Abführmittel und ihr Öl wegen des hohen Anteils an essenziellen Fettsäuren. Erstmals erwähnt wird die Pflanze von Plinius d. Ä. (23–79 n. Chr.) in einer Zeit, da die Nüsse als Speise der Götter galten. Seit dem 12. Jahrhundert in China verwendet, betrachtet man die Walnuss eher als Yang-Tonikum und daher als besonders nützlich für die Nieren.

Kurzporträt

BOTANISCHER NAME
Juglans regia

UMGANGSSPRACHLICHER NAME
Walnuss

FAMILIE
Juglandaceae

VERWENDETE TEILE
Samen (Kerne)

GESCHMACK
Süß

CHARAKTER
Warm

MERIDIANE
Lunge, Nieren, Dickdarm

WIRKUNGSWEISE
Zusammenziehend, entzündungshemmend, leicht blutzuckersenkend, abführend, nahrhaft, Blasensteine auflösend

TRADITIONELLE VERWENDUNG
- das Nieren-Yang kräftigen und den Rücken stärken
- das Lungen-Qi wärmen und stärken
- den Darm befeuchten (abführende Wirkung)

TYPISCHE DOSIERUNG (CHINA)
9–30 Gramm

KOMBINATIONEN
Zusammen mit Du Zhong und Bu Gu Zhi bei Lendenschmerzen mit Nierenmangel; mit Ren Shen und anderen Kräutern bei asthmatischen Symptomen mit gestörter Funktion von Lunge und Nieren; mit Huo Ma Ren und anderen Kräutern bei Verstopfung älterer Patienten.

JUGLANS REGIA

Warnhinweis

Meiden bei Feuer-Symptomen und Yin-Mangel (siehe Seite 68–69).

Mangelsyndrome

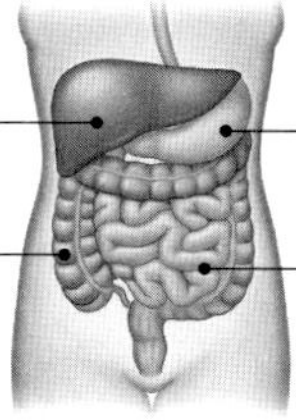

Verdauungsstörungen
Mangelsyndrome können verschiedene Organe betreffen. Yang-Mangel der Milz beispielsweise kann mit Verdauungsstörungen verbunden sein.

Mangelsyndrome können durch eine Yin-Schwäche bedingt sein und zu Problemen von Hitze/Mangel führen, oder durch Yang-Schwäche mit Kälte/Mangelmerkmalen.

Yang-Mangel

Da Yang mit aktiver Energie und Feuer verbunden ist, führt ein Mangel an Yang-Energie zum Fehlen dieser Merkmale, oft in Form von Abgeschlagenheit und Kältegefühl.

Stellen Sie sicher, dass tatsächlich ein Yang-Mangel vorliegt und nicht etwa ein scheinbarer Mangel aufgrund von übermäßigem Yin. Typisch für einen tatsächlichen Yang-Mangel ist die Neigung zu wiederkehrenden Erkältungen, die nie ganz abklingen. Ein Yang-Mangel, der mit speziellen Organen verknüpft ist, kann auch die Ursache für Impotenz sein sowie für Verdauungsstörungen in Verbindung mit schwachem Milz-Yang oder für Herzprobleme durch mangelndes Herz-Yang. Bei Yang-Mangel konzentriert sich die Therapie auf warme, kräftigende Arzneien unter Verwendung von Kräutern mit heißen Eigenschaften.

Yin-Mangel

Da Yin mit Stille und Passivität verknüpft ist, werden diese Symptome bei Yin-Mangel geschmälert, sodass eine scheinbare Yang-Aktivität oder Symptome der übermäßigen Hitze (Rastlosigkeit, Gesichtsröte, Wärmegefühl) zutage treten. Yin-Mangel ist häufig chronisch und kann daher nicht immer rasch und präzise diagnostiziert werden.

Typische Symptome sind nächtliche Schweißausbrüche, Schlafstörungen oder unnatürliche Gesichtsrötung. Der Puls ist oft beschleunigt. Wechseljahrsbeschwerden sind häufig mit Yin-Mangel von Leber oder Nieren assoziiert.

Im Modell der fünf Wandlungsphasen gelten die Hohlorgane (Fu) als Yang, die wichtigsten Festorgane (Zang) – Leber, Herz, Nieren, Lunge und Milz – jedoch als Yin. Auch das Blut (Xue) und die Körperflüssigkeiten (Jin-Ye) sind überwiegend Yin. Durst und Trockenheitsgefühl können daher auf Yin-Mangel hindeuten, trockener Husten entsprechend auf geschwächtes Lungen-Yin, Harnwegsprobleme auf geschwächtes Nieren-Yin.

Weitere Informationen

Blut (Xue), siehe Seite 96–97; **Fu-Organe,** Seite 41; **fünf Wandlungsphasen,** Seite 38–39; **Herz,** Seite 108–109; **Körperflüssigkeiten (Jin-Ye),** Seite 100–101; **Milz,** Seite 176–177; **Nieren,** Seite 204–205; **Schleim,** Seite 172–173, 188–189; **Wechseljahrsbeschwerden,** Seite 204–205.

BU GU ZHI Psoralea corylifolia

Bu Gu Zhi ist eines der wichtigsten Yang-Stärkungsmittel in der chinesischen Kräuterheilkunde und daher besonders gut für die Nierenenergie. Traditionell wird es bei Morgendurchfall verwendet, der als besonderes Merkmal für mangelndes Milz- und Nieren-Yang gilt. Die Pflanze wird erstmals im *Lei Gong Pao Zhi Lun* (*Großvater Leis Kompendium der Kräuterzubereitungen*) erwähnt, das um 470 n. Chr. von Lei Xiao verfasst wurde.

Kurzporträt

Botanischer Name
Psoralea corylifolia

Umgangssprachlicher Name
Asphaltklee

Familie
Leguminosae/Papilionaceae

Verwendete Teile
Früchte und Samen

Geschmack
Scharf, bitter

Charakter
Sehr warm

Meridiane
Nieren, Milz

Wirkungsweise
Antibakteriell, tumorhemmend, zusammenziehend, weitet die Herzkranzgefäße, erhöht die Lichtempfindlichkeit der Haut

Traditionelle Verwendung
- das Nieren-Yang stärken
- das Milz-Yang wärmen

Typische Dosierung (China)
3–9 Gramm

Kombinationen
Bei Morgendurchfall oft kombiniert mit Rou Dou Kou, Wu Wei Zi und Wu Zhu Yu; bei Rückenschmerzen mit mangelndem Nieren-Yang kann es zusammen mit Hu Tao Ren verwendet werden.

PSORALEA CORYLIFOLIA

Warnhinweis

Bei Yin-Mangel oder übermäßigem Feuer nicht verwenden.

DU ZHONG Eucommia

ulmoides Du Zhong wird von Shen Nong als spezielles Mittel gegen Schmerzen in der Lendenregion und den Knien angeführt und soll bei längerer Einnahme das Altern verlangsamen. Heute jedoch gilt die Chinesische Guttapercha als wichtiges Yang-Tonikum. Der Baum ist der letzte überlebende Vertreter der Gattung und gelangte erst in den 1880er-Jahren in den Westen. Der Extrakt dient der Blutdrucksenkung, besonders effektiv ist eine Abkochung der angerösteten Rinde.

Kurzporträt

BOTANISCHER NAME
Eucommia ulmoides

UMGANGSSPRACHLICHER NAME
Chinesische Guttapercha

FAMILIE
Eucommiaceae

VERWENDETE TEILE
Rinde

GESCHMACK
Süß

CHARAKTER
Warm

MERIDIANE
Leber, Nieren

WIRKUNGSWEISE
Harntreibend, senkt Blutdruck und Cholesterinspiegel, beruhigend, entkrampft die Gebärmutter

TRADITIONELLE VERWENDUNG
- Leber- und Nieren-Qi stärken
- den Fluss von Qi und Xue (Blut) glätten, hierdurch Kräftigung von Knochen und Muskeln
- das Ungeborene beruhigen (zur Verhinderung einer Fehlgeburt)

TYPISCHE DOSIERUNG (CHINA)
9–15 Gramm

KOMBINATIONEN
Zusammen mit Bu Gu Zhi bei Lendenschmerzen und Atemproblemen in Verbindung mit mangelndem Nieren-Yang; mit Gui Zhi und anderen wärmenden Kräutern bei Problemen, die mit kalter Feuchte verknüpft sind.

EUCOMMIA ULMOIDES

Warnhinweis

Bei Yin-Mangel und aktiven Feuer-Symptomen meiden.

Übermaßsyndrome (Shi)

Erlöschende Kerze
Die Symptome des übermäßigen Yin werden manchmal mit dem letzten Aufflackern einer erlöschenden Kerze verglichen.

Ähnlich wie mangelndes Yin oder Yang zu fortdauernden Gesundheitsproblemen führen kann, ist auch ein Übermaß einer dieser beiden Lebenskräfte problematisch.

Übermäßiges Yang

Da das Yang eng mit Wärme und Feuer verknüpft ist, wird es „vorherrschend", wenn äußere „Übel" (Hitze oder Feuer) den Körper attackieren. Übermäßige innere Hitze – etwa durch emotionales Ungleichgewicht – vermag das Yang ebenfalls über Gebühr zu verstärken.

Nun gerät das gesamte System aus den Fugen – mit Überreaktionen, hyperaktivem Stoffwechsel und leichter Erregbarkeit. Typische Symptome sind Fieber, Durst und ein Gefühl der Austrocknung, da das übermäßige Yang beginnt, die (mit dem Yin assoziierten) Körperflüssigkeiten zu beeinträchtigen.

Vorherrschendes Yang erzeugt übermäßige Hitze. Im Körper eingefangen, kann diese das Yin schädigen, bis sie sich schließlich auch äußerlich – als Pseudoerkältung – manifestiert: Das Yin an der Körperoberfläche sieht sich vom überschießenden inneren Yang getrennt; kalte Gliedmaßen bei sonst normaler Temperatur können die Folge sein.

Übermäßiges Yin

Derartige Zustände können durch Attacken äußerer Feuchte und Kälte verursacht werden, wobei der Körper nicht genug Wärme erzeugen kann, um der Invasion zu begegnen. Oder es liegt ein chronischer Yang-Mangel vor und die Lebensenergie vermag die äußere Kälte nicht mehr auszugleichen.

Vorherrschendes Yin führt in ähnlicher Weise zu innerer Kälte wie übermäßiges Yang zu innerer Hitze. Diese innere Kälte hemmt die Funktion lebenswichtiger Organe. Übermäßiges Yin zeigt sich oft in Form von Bauchschmerzen, Durchfall und Kältegefühl. Die innere Kälte verengt die Blutgefäße, und die entstehende Minderdurchblutung führt wiederum zu Schmerzen.

Vorherrschendes Yin kann nun das Yang schädigen: Die innere Kälte hält das Yin im Körper gefangen, sodass auf der Körperoberfläche ein Ungleichgewicht entsteht – mit scheinbar übermäßigem Yang und Symptomen wie Fieber, Durst und geröteter Zunge.

Übermäßiges Yin behandeln

Zunächst gilt es, das Übermaß zu reduzieren. Je nach Symptomatik könnte dies trockene, wärmende Kräuter erfordern, da das Yin mit Feuchte assoziiert wird. Übermäßiges Yin kann auf lange Sicht auch das Yang schädigen, weshalb man das Yang stärkende Mittel verabreichen würde, sobald das Yin reduziert ist. Bei übermäßigem Yang greift man zu feuchten, kühlenden Arzneien, um das Yang zu reduzieren, bevor schließlich das Yin wiederhergestellt wird.

XI YANG SHEN **Panax quinquefolius**

Der Amerikanische Ginseng wurde Anfang des 18. Jahrhunderts von Jesuiten in Kanada „entdeckt" und bereits 1765 in einen von Zhao Xue Min verfassten Ergänzungsband zur *Materia Medica* aufgenommen. Rasch zum begehrten Exportartikel aufgestiegen, wurde die Pflanze von nordamerikanischen Pionieren gesammelt und im 19. Jahrhundert in gewaltigen Mengen nach China verschifft.

Kurzporträt

Botanischer Name
Panax quinquefolius

Umgangssprachlicher Name
Amerikanischer Ginseng

Familie
Araliaceae

Verwendete Teile
Wurzel

Geschmack
Süß, leicht bitter

Charakter
Kühl

Meridiane
Herz, Lunge, Nieren

Wirkungsweise
Verbessert die Herzfunktion, hormonell aktiv, beruhigend

Traditionelle Verwendung
- Qi, Körpersäfte und Yin nähren
- das Lungen-Yin versorgen

Typische Dosierung (China)
3–6 Gramm

Kombinationen
Wie sein koreanisches Pendant wird auch der Amerikanische Ginseng häufig einzeln als unterstützendes Tonikum für das Yin und die Körperflüssigkeiten eingesetzt, außerdem bei chronischem Husten mit Lungenmangel sowie bei Ermüdung und Schwäche im Rahmen chronischer Leiden; zusammen mit mineralischem Gips (Shi Gao) wird er bei Fieber verwendet, das mit heißen, fiebrigen Leiden verbunden ist.

PANAX QUINQUEFOLIUS

Warnhinweis

In der Schwangerschaft und bei Kälte- und Feuchtesymptomen des Magens meiden.

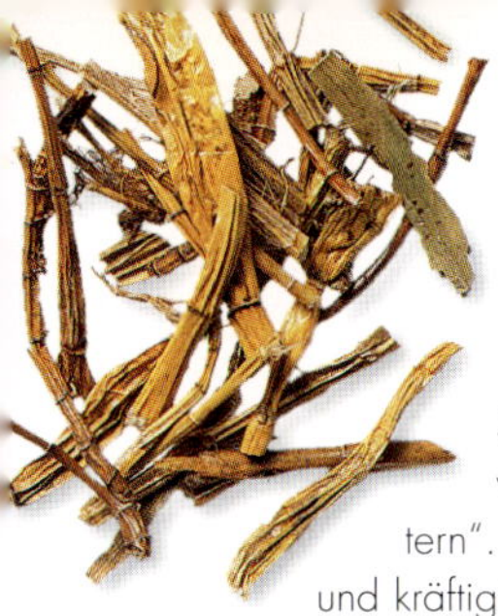

SHI HU **Dendrobium officinale**

Das Orchideengewächs wird seit den Tagen von Shen Nong in der chinesischen Medizin angewandt. Dieser zählt es zu den „überlegenen Kräutern". Seinen Angaben nach verlängert es das Leben und kräftigt das Yin. Moderne Studien haben gezeigt, dass Shi Hu die Körpertemperatur herabsetzt und sogar ein mildes Schmerzmittel darstellt.

Kurzporträt

BOTANISCHER NAME
Dendrobium officinale

UMGANGSSPRACHLICHER NAME
Dendrobium, Knotenständel

FAMILIE
Orchidaceae

VERWENDETE TEILE
Stängel

GESCHMACK
Süß, leicht salzig

CHARAKTER
Leicht kalt

MERIDIANE
Lunge, Magen, Nieren

WIRKUNGSWEISE
Mildes Schmerzmittel, blutdrucksenkend, verdauungsfördernd, senkt die Körpertemperatur

TRADITIONELLE VERWENDUNG
- Yin und Essenz nähren, Hitze ableiten
- Magen- und Lungen-Yin nähren, das Ausscheiden von Flüssigkeiten fördern

TYPISCHE DOSIERUNG (CHINA)
9–20 Gramm

KOMBINATIONEN
Zusammen mit Sheng Di Huang und Xuan Shen bei Fieber und Muskelschmerzen in Verbindung mit übermäßiger Hitze; mit Mai Men Dong (*Ophiopogon japonicus*) und anderen Kräutern bei mangelndem Magen-Yin; mit Jin Yin Teng (Geißblattstängel) und weiteren Kräutern bei schmerzhaften Blockaden in Verbindung mit Wind-Feuchte und Hitze.

DENDROBIUM OFFICINALE

Warnhinweis

Meiden bei Fieber ohne Trockenheit oder auch bei Durst. Starke Überdosierung kann Atemnot und Krämpfe verursachen.

Ausgewogene Ernährung

Im Gleichgewicht
In China weiß man, wie sich die Ernährung auf das innere Gleichgewicht von Yin und Yang auswirkt.

Kräuter, Körperteile und Jahreszeiten besitzen je eigene Yin- und Yang-Merkmale. Mit den Nahrungsmitteln verhält es sich nicht anders. Zu viele Yin-Nahrungsmittel können zu Yang-Mangel oder Yin-Überschuss führen – und umgekehrt.

In der chinesischen Küche achtet man darauf, bei jeder Mahlzeit das rechte Maß zu finden. Saures, Bitteres und Salziges gelten als Yin, während man scharfe und süße Kräuter und Nahrungsmittel als Yang einstuft. Im Westen werden scharfe und süße Speisen gegenüber den sauren oder bitteren Speisen stark bevorzugt.

Kälteleiden wie Verkühlungen oder starkem Durchfall begegnet man mit wärmenden Kräutern und Nahrungsmitteln, Hitzeproblemen wie etwa Entzündungen jedoch mit kühlenden Gerichten.

Je nach Jahreszeit

Früher bevorzugten die Taoisten kühlende Speisen im Winter, damit der Körper mit seiner eisigen Umgebung in Harmonie bleibt. Im Sommer gab man jedoch scharfen, würzigen Speisen den Vorzug (in vielen tropischen Ländern gilt dies bis heute).

Angesichts von Zentralheizung und Klimaanlage haben die jahreszeitlichen Extreme für uns an Bedeutung eingebüßt. Zur Anpassung an unsere insgesamt recht neutrale Umwelt sollten wir uns möglichst um eine ausgewogene Ernährung bemühen, damit Yin und Yang, Heißes und Kaltes, das ganze Jahr hindurch harmonisch ausgeglichen werden.

Persönliches Gleichgewicht

Gesunde Menschen tendieren von ihrer Grundkonstitution her entweder mehr zum Yin oder zum Yang. Manche sind kälteempfindlicher, andere wiederum heißer und daher vielleicht stets durstig.

Eine heiße Person sollte kalte Speisen wählen, während sich jemand, dem immer kalt ist, für wärmende Gerichte entscheiden sollte.

Heiße und kalte Nahrungsmittel

Kalt Bambussprossen, Bananen, Muscheln, Krabben, Grapefruit, Kopfsalat, Seetang, Wasserkastanien, Brunnenkresse, Wassermelone

Kühl Äpfel, Bohnenquark, junge Champignons, Gurke, Kopfsalat, Mango, Mungobohnen, Birnen, Spinat, Erdbeeren, Tomaten

Neutral Aprikosen, Rind, Rote Bete, Chinakohl, Karotten, Sellerie, Mais, Eier, Honig, polierter weißer Reis, Kartoffeln, Kürbis, weißer Zucker

Warm Brauner Zucker, Kirschen, Huhn, Schnittlauch, Datteln, Schinken, Lauch, Hammel, Pfirsiche, Himbeeren, Garnelen, Frühlingszwiebeln, Sonnenblumenkerne, Walnüsse, Wein

Heiß Ingwer, grüne und rote Chilies, Pfeffer, Sojabohnenöl

HAN LIAN CAO **Eclipta prostrata**

Han Lian Cao ist in der TCM eines der wichtigsten Kräuter, um das Yin zu nähren. In der ayurvedischen Medizin bildet es eine der Hauptarzneien für Leber und Milz und wird als Zutat eines Öles gegen Haarausfall und vorzeitig ergraute Haare eingesetzt. In der chinesischen Volksheilkunde verwendet man es bei Hautproblemen wie Fußpilz und Dermatitis.

Kurzporträt

BOTANISCHER NAME
Eclipta prostrata

UMGANGSSPRACHLICHER NAME
Eklipte

FAMILIE
Compositae

VERWENDETE TEILE
Oberirdische Teile

GESCHMACK
Süß-sauer

CHARAKTER
Kalt

MERIDIANE
Leber, Nieren

WIRKUNGSWEISE
Antibakteriell, stillt oder hemmt Blutungen

TRADITIONELLE VERWENDUNG
- Leber- und Nieren-Yin nähren
- Hitze aus dem Blut ableiten, Blutungen stillen

TYPISCHE DOSIERUNG (CHINA)
15–30 Gramm

KOMBINATIONEN
Zusammen mit Nu Zhen Zi bei schweren Mangelsyndromen mit Symptomen wie Sehstörungen, Tinnitus, vorzeitig ergrautem Haar und Benommenheit; zur Blutstillung in Kombination mit anderen Kräutern – mit Ai Ye bei Uterusblutungen, mit Sheng Di Huang bei blutigem Husten mit Lungenschwäche oder bei Blut im Urin in Zusammenhang mit übermäßiger Hitze.

ECLIPTA PROSTRATA

Warnhinweis

Bei Kälte- und Mangelsyndromen der Milz und Nieren meiden.

NU ZHEN ZI *Ligustrum lucidum*

Nu Zhen Zi, eines der wichtigsten Kräuter zum Nähren von Leber und Nieren, wird seit den Tagen Shen Nongs verwendet. Ihm zufolge nährt es „die Essenz und den Geist … kann Hunderte von Leiden beseitigen … und sogar der Senilität vorbeugen". Nu Zhen bedeutet „weibliche Keuschheit", wohl wegen der blassgrünen und weißen immergrünen Blätter.

Kurzporträt

BOTANISCHER NAME
Ligustrum lucidum

UMGANGSSPRACHLICHER NAME
Chinesischer Liebstöckel

FAMILIE
Oleaceae

VERWENDETE TEILE
Beeren

GESCHMACK
Süß, bitter

CHARAKTER
Neutral

MERIDIANE
Leber, Nieren

WIRKUNGSWEISE
Antibakteriell, stärkt die Herzfunktion, harntreibend, immunstimulierend

TRADITIONELLE VERWENDUNG
- die Lebensessenz von Leber und Nieren auffüllen
- mangelndes Leber- und Nieren-Yin ausgleichen
- die Haare abdunkeln und die Sehkraft verbessern
- die Knie kräftigen

TYPISCHE DOSIERUNG (CHINA)
9–15 Gramm

KOMBINATIONEN
Zusammen mit Kräutern wie Bu Gu Zhi oder Yin Yang Huo bei Schmerzen in der Lendenwirbelsäule in Verbindung mit Nierenschwäche; mit Dang Gui, Shu Di Huang oder He Shou Wu bei Wechseljahrsyndromen.

LIGUSTRUM LUCIDUM

Warnhinweis

Meiden bei Durchfall mit Yang-Mangel (siehe Seite 68–69).

Kräuter zur Regulierung und Stärkung des Qi

Seit Generationen
Einige Aspekte des Qi – unsere innere Vitalität und Energie – haben wir von unseren Eltern geerbt.

Qi (oft auch Ch'i geschrieben) wurde in jüngerer Vergangenheit auch im Westen ein vertrauter Begriff. Als „Lebensenergie" steht es für unsere innere Vitalität und Antriebskraft. Sein Hauptmerkmal ist die Bewegung, also das Leben selbst.

Streng genommen ist dies eine zu starke Vereinfachung, denn chinesische Gelehrte haben in den letzten 2500 Jahren bis zu 32 verschiedene Arten von Qi unterschieden, während sich die Ärzte bemühten, diese subtilen Energien genauer zu definieren.

Qi ist im Grunde eine Mischung der Energien, die wir aus unserer Nahrung und der Atemluft gewinnen. Diese „Rohstoffe" werden vielfach kombiniert und transformiert und ergeben so die verschiedenen Arten von Qi, die in unserem Körper zirkulieren.

Qi kann sich auch auf die tatsächliche Aktivität unserer Organe beziehen. Das Herz-Qi ist somit nicht nur ein immaterieller Energiezustand, sondern die konkrete Herztätigkeit. Man nimmt an, dass das Qi entlang den Akupunkturmeridianen den gesamten Körper durchfließt.

Kräuter zur Regulierung des Qi

Kräuter dienen in der TCM dazu, mangelndes Qi zu beleben und es zugleich im Körper zu verteilen, um Stagnation zu vermeiden und den Fluss zu regulieren. Schwaches Qi behandelt man mit stärkenden Kräutern, während träges oder stockendes Qi Arzneien erfordert, die dazu beitragen, es durch die Leitbahnen zu befördern.

Kräuter, die das Qi stärken, sind Ren Shen, Dang Shen, Huang Qi, Shan Yao (Yamswurzel, *Dioscorea opposita*), Bai Zhu, Da Zao und Gan Cao.

Trägem Qi begegnen Kräuter wie Chen Pi, Zhi Shi (unreife Zitrusfrüchte, *Citrus aurantium*), Xiang Fu, Mu Xiang (*Saussurea lappa*), Tan Xiang (Sandelholz, *Santalum album*), Xie Bai (Chinesische Knoblauchzwiebeln, *Allium macrostemon*), Mei Gui Hua (*Rosa rugosa*) und Li Zhi He (Litchisamen, *Litchi chinensis*).

Weitere Informationen

Bai Zhu, siehe Seite 94; **Chen Pi,** Seite 82; **Da Zao,** Seite 95; **Dang Shen,** Seite 87; **Gan Cao,** Seite 90; **Huang Qi,** Seite 91; **Ren Shen,** Seite 86; **Xiang Fu,** Seite 83.

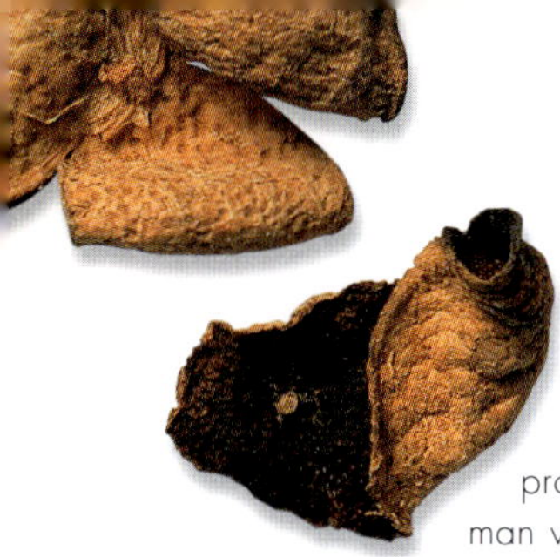

CHEN PI

Citrus reticulata Chen Pi bezeichnet die Schale der reifen Mandarine, Qing Pi jedoch die Schale der unreifen Frucht. Die Samen (Ju He) werden bei Leber- und Nierenproblemen verwendet; diese und Qing Pi benutzt man vor allem, um den Fluss des Leber-Qi zu glätten, während Chen Pi das Milz-Qi bewegt. Zudem ist Chen Pi ein wichtiges Mittel gegen Blähungen und Appetitlosigkeit und wirkt schleimlösend.

Kurzporträt

BOTANISCHER NAME
Citrus reticulata

UMGANGSSPRACHLICHER NAME
Mandarine

FAMILIE
Rutaceae

VERWENDETE TEILE
Schale

GESCHMACK
Scharf, bitter

CHARAKTER
Warm

MERIDIANE
Lunge, Milz, Magen

WIRKUNGSWEISE
Antiasthmatisch, verdauungsfördernd, entzündungshemmend, lindert Blähungen und Verstopfung, schleimlösend, wirksam bei akuter Mastitis

TRADITIONELLE VERWENDUNG
- stockendes Milz- und Magen-Qi stärken und bewegen
- Feuchte trocknen und Schleim auflösen
- das aufwärts fließende Qi nach unten umkehren
- Stagnation verhindern, vor allem bei Verwendung tonisierender Kräuter

TYPISCHE DOSIERUNG (CHINA)
3–9 Gramm

KOMBINATIONEN
Zusammen mit Hou Po und Cang Zhu bei Völlegefühl mit stockendem Milz- und Magen-Qi; mit Qi-Tonika wie Dang Shen und Huang Qi als ausgleichendes Mittel; mit Bai Zhu bei mangelndem Milz-Qi mit übermäßiger Feuchte und Appetitlosigkeit.

CITRUS RETICULATA

Warnhinweis

Meiden bei Hitzesyndromen in Verbindung mit Yin-Mangel (siehe Seite 68–69).

XIANG FU Cyperus rotundus

Xiang Fu bedeutet wörtlich übersetzt „aromatisches Beiwerk" – eine durchaus treffende Beschreibung dieser stark duftenden Pflanze, die in der ayurvedischen Medizin bei Hitzschlag und Magenproblemen Verwendung findet. In der TCM als Qi-Regulans geltend, kann sie mit Essig zubereitet werden, um ihre schmerzstillende Wirkung zu verstärken.

Kurzporträt

BOTANISCHER NAME
Cyperus rotundus

UMGANGSSPRACHLICHER NAME
Nussgras

FAMILIE
Cyperaceae

VERWENDETE TEILE
Knolle

GESCHMACK
Scharf, leicht bitter

CHARAKTER
Neutral

MERIDIANE
Leber, Magen

WIRKUNGSWEISE
Schmerzstillend, antibakteriell, löst Spasmen der Gebärmutter

TRADITIONELLE VERWENDUNG
- die Zirkulation des Qi fördern und das Leber-Qi glätten
- Menstruations- und allgemeine Bauchschmerzen lindern

TYPISCHE DOSIERUNG (CHINA)
3–10 Gramm

KOMBINATIONEN
Zusammen mit Chai Hu (*Bupleurum falcatum*) bei Brustschmerzen in Verbindung mit Leberproblemen; mit Cang Zhu bei Verdauungsstörungen, Bauchschmerzen und Übelkeit; wichtigste Zutat des Xiang Fu San (neben Chen Pi und Gan Cao) und wärmende Arznei bei Wind-Kälte sowie innerer Qi-Stagnation.

CYPERUS ROTUNDUS

Warnhinweis

Meiden bei Durchfall mit Yang-Mangel (siehe Seite 68–69).

Wei Qi und Abwehrenergie

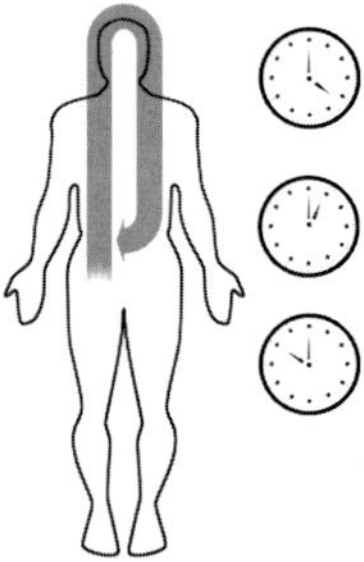

Wei Qi

Wei Qi zirkuliert im Laufe des Tages die Wirbelsäule hinauf, geht über den Kopf hinweg und vorn am Körper wieder hinab.

Eine der wichtigsten Varianten des Qi, die Abwehrenergie oder Wei Qi, wird gewöhnlich mit dem uns geläufigen Immunsystem gleichgesetzt. Wei Qi gilt als bedeutendster Schutz vor äußeren „Übeln". Bei starkem Wei Qi ist der Betreffende besser vor jenen Erkältungen und Verkühlungen gefeit, die durch die äußeren Übel ausgelöst werden können. Wei Qi zirkuliert nicht im Blut, sondern durchströmt Haut und Muskeln, wo es das Öffnen und Schließen der Poren steuert, um die Körpertemperatur zu regulieren und die Haut feucht zu halten.

Bewegungen des Wei Qi

Wei Qi zirkuliert tagsüber – am Morgen die Wirbelsäule hinauf und über den Kopf hinweg und am Nachmittag vorn am Körper hinab, um in der Nacht am unteren Rückgrat anzukommen, wo es sich in den Körper zurückzieht.

Daher ist der Zeitpunkt einer äußeren Verletzung in der chinesischen Medizin sehr bedeutsam. So etwa wird eine morgendliche Kopfverletzung wahrscheinlich das zirkulierende Wei Qi schädigen und nicht so leicht zu behandeln sein wie eine später auftretende Kopfverletzung.

Fu-Zheng-Therapie

Das Stärken (Fu) der Konstitution (Zheng) entspricht dem, was wir unter der Stimulation des Immunsystems verstehen.

Diese Therapie kann mit dazu beitragen, die Widerstandskraft zu erhöhen, Gewebsschäden vorzubeugen sowie entartete Zellen zu zerstören. Allergien, Lethargie, wiederholte Infekte und schlechte Wundheilung sind allesamt Zeichen einer geschwächten Immunität.

Typische Fu-Zheng-Kräuter sind Huang Qi, Dang Shen und Ren Shen sowie diverse Nahrungsmittel wie Shiitakepilze und Seetang. Heute sind diese Gewächse nützlich bei der Bekämpfung der Nebenwirkungen nicht unbedenklicher westlicher Behandlungen wie Chemo- und Strahlentherapie, die das Immunsystem erheblich schwächen können.

Saisonales Stärkungsmittel

Man sollte Ren Shen als allgemeines jahreszeitliches Tonikum einen Monat lang im Spätherbst einnehmen, wenn das Wetter vom heißen Sommer in den kalten Winter übergeht, da sich der Körper in dieser Zeit erst an die neuen Umweltbedingungen anpassen muss.

REN SHEN

Panax ginseng Der Ginseng, Chinas wichtigstes Qi-Tonikum, ist seit über 5000 Jahren in Gebrauch. Im 17. Jahrhundert erhielt Ludwig XIV. von einer Abordnung des Königs von Siam eine Ginsengwurzel zum Geschenk. Wie man anhand von Untersuchungen weiß, ist der als Aphrodisiakum geltende Ginseng reich an Steroidverbindungen, die den menschlichen Sexualhormonen stark ähneln. Außerdem wird er oft als monotherapeutisches Stärkungsmittel verwendet.

Kurzporträt

Botanischer Name
Panax ginseng

Umgangssprachlicher Name
Roter Ginseng

Familie
Araliaceae

Verwendete Teile
Wurzel

Geschmack
Süß, leicht bitter

Charakter
Warm

Meridiane
Milz, Lunge, Herz

Wirkungsweise
Stärkend, anregend, senkt Blutzucker- und Cholesterinspiegel, immunstimulierend

Traditionelle Verwendung
- das Qi auffüllen
- Milz und Lunge stärken
- Körperflüssigkeiten erzeugen
- das Herz-Qi fördern und das Shen beruhigen

Typische Dosierung (China)
3–9 Gramm

Kombinationen
Zusammen mit Bai Zhu, Fu Ling und Gan Cao als Si Jun Zi Tang bei mangelndem Milz- und Magen-Qi in Verbindung mit Appetitlosigkeit, Durchfall und Erbrechen; mit Wu Wei Zi, Sheng Di Huang oder Mai Men Dong (*Ophiopogon japonicus*) gegen Atemprobleme bei mangelndem Lungen- oder Nieren-Qi; mit Shu Di Huang und anderen Kräutern bei Qi- und Yin-Mangel.

PANAX GINSENG

Warnhinweis

Meiden bei Hitze und Yin-Mangel (siehe Seite 68–69).

DANG SHEN Codonopsis pilosula

Dang Shen wird häufig als preiswertere Alternative zum Ren Shen verwendet. Die Arznei wird traditionell von stillenden Müttern eingenommenen und gilt als milder und Yin-artiger als Ren Shen. Dang Shen ist erst vergleichsweise spät in den chinesischen Arzneimittelkanon aufgenommen worden und wird im berühmten *Ben Cao Cong Xin* von Wu Yiluo 1751 erstmals erwähnt.

Kurzporträt

Botanischer Name
Codonopsis pilosula

Umgangssprachlicher Name
Glockenwinde

Familie
Campanulaceae

Verwendete Teile
Wurzel

Geschmack
Süß

Charakter
Neutral

Meridiane
Milz, Lunge

Wirkungsweise
Vermehrt die Zahl der roten Blutkörperchen, blutdrucksenkend, immunstimulierend, nervenanregend, erhöht den Blutzuckerspiegel

Traditionelle Verwendung
- Milz, Magen und mittleres Jiao kräftigen
- Milz- und Lungen-Qi auffüllen
- die Körpersäfte (Jin-Ye) nähren

Typische Dosierung (China)
9–15 Gramm

Kombinationen
Häufig als Ersatz für Ren Shen verwendet; mit Huang Qi bei mangelndem Lungen- und Milz-Qi mit Atemproblemen und Appetitlosigkeit; mit Dang Gui, Shu Di Huang, Bai Shao Yao und anderen Kräutern bei Schwäche mit Qi- und Blutmangel; mit Bai Zhu und anderen abführenden Mitteln bei mangelndem Milz-Qi; in Suppen und Eintöpfen bei mangelndem Wei Qi.

CODONOPSIS PILOSULA

Warnhinweis

Bei Attacken durch äußere „Übel" meiden.

Vielgestaltiges Qi

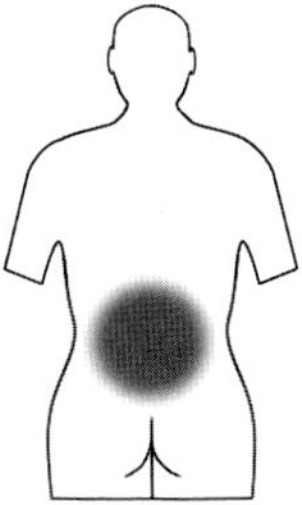

Yuan Qi

Das Yuan Qi wird in der Lendenregion gespeichert, die man in China als „Tor des Lebens" bezeichnet.

Zahlreiche weitere Arten des Qi existieren in unserem Körper. Manche stehen für die innere Energie, mit der wir geboren werden, andere entstammen direkt unserer Nahrung und Atemluft und können daher durch eine schlechte Ernährung oder Umwelt beeinträchtigt werden.

Das Ursprungs-Qi (Yuan Qi) repräsentiert das elterliche Erbe, liefert die Grundenergie für die Zang-Fu-Organe und kann nach Bedarf in andere wichtige Arten des Qi umgewandelt werden.

Das Nahrungs-Qi (Gu Qi) wird in der Milz aus der Nahrung gewonnen. Kombiniert mit dem aus der Atemluft abgeleiteten natürlichen Luft-Qi (Kong Qi) entsteht daraus das in der Brust gespeicherte Zong Qi, das den Blutkreislauf antreibt und den Puls reguliert.

Aus dem Zusammenwirken dieser drei Arten des Qi entsteht außerdem das normale oder aufrechte Qi (Zheng Qi). Es breitet sich im ganzen Körper aus und ist jenes Qi, das gemeint ist, wenn vom Qi bestimmter Zang-Fu-Organe die Rede ist. Das Zheng Qi wärmt und kräftigt den Körper und sorgt dafür, dass Blut und andere Körpersäfte in ihren entsprechenden Kanälen bleiben.

Qi (Ying Qi) durchströmt die Blutgefäße und verteilt das Blut mit den Nährstoffen im gesamten Körper. Bei „Blutmangel" wird ein TCM-Arzt versuchen, dieses Ying Qi zu stärken.

Ungleichgewicht

Vier große Disharmonien können das Qi beeinträchtigen: mangelndes Qi (Qi

Xu) mit geschwächter Energie, kollabiertes Qi (Qi Xian) mit Energien, die nicht ausreichen, um die Organe festzuhalten, stockendes Qi (Qi Zhi) mit gestörtem Energiefluss und rebellisches Qi (Qi Ni), das sich in die falsche Richtung bewegt.

Tagesrhythmus

Unser Qi strömt jeden Tag in einem festgelegten Rhythmus durch die Leitbahnen. Organspezifische Probleme manifestieren sich daher zu einer bestimmten Tageszeit.

Tageszeit	**Meridiane**
3–5 Uhr	Lunge
5–7 Uhr	Dickdarm
7–9 Uhr	Magen
9–11 Uhr	Milz
11–13 Uhr	Herz
13–15 Uhr	Dünndarm
15–17 Uhr	Harnblase
17–19 Uhr	Nieren
19–21 Uhr	Herzbeutel
21–23 Uhr	Dreifach-Erwärmer
23–1 Uhr	Gallenblase
1–3 Uhr	Leber

GAN CAO Glycyrrhiza uralensis

Shen Nong beschreibt das zu den wichtigsten tonisierenden Kräutern zählende Gan Cao wie folgt: „süß und ausgewogen für die Behandlung der fünf Zang-Organe, sechs Fu-Organe, von Kälte und Hitze, und üblem Qi". Ähnlich dem Da Zao wird Gan Cao oft verwendet, um die Wirkung anderer Kräuter auszugleichen.

Kurzporträt

Botanischer Name
Glycyrrhiza uralensis

Umgangssprachlicher Name
Ural-Süßholz

Familie
Leguminosae/Papilionaceae

Verwendete Teile
Wurzel

Geschmack
Süß

Charakter
Neutral

Meridiane
Herz, Lunge, Milz, Magen

Wirkungsweise
Antibakteriell, entzündungshemmend, krampflösend, antiallergisch, lindert Husten, blutdrucksenkend, steroidale Wirkung, galletreibend

Traditionelle Verwendung
- die Qi-Funktion kräftigen
- Hitze ableiten und Feuergifte neutralisieren
- die Lunge befeuchten
- Krämpfe und Schmerzen lindern
- die Wirkung anderer Kräuter ausgleichen

Typische Dosierung (China)
2–9 Gramm

Kombinationen
Zusammen mit Dang Shen bei Beteiligung des Milz-Qi; mit Bai Shao Yao bei Bauchbeschwerden mit Leberschwäche; mit Xing Ren und Chuan Bei Mu bei trockenem Husten in Verbindung mit Hitze; mit Jie Geng bei Halsproblemen; mit Jin Yin Hua bei Hautausschlag in Verbindung mit Feuchte.

GLYCYRRHIZA URALENSIS

Warnhinweis

Bei übermäßiger Feuchte und Anspannung meiden.

HUANG QI Astragalus membranaceus

Dieses traditionell jüngeren Patienten verordnete Qi-Tonikum ist bei Shen Nong eines der „überlegenen" Kräuter und geeignet bei Schmerzen, Eiter und Hämorrhoiden sowie „Hunderte von Kinderleiden". Huang Qi wird auch bei Mangelsyndromen der Milz eingesetzt. Seine Bedeutung als Immunstärkungsmittel wurde durch neuere Studien untermauert.

Kurzporträt

Botanischer Name
Astragalus membranaceus

Umgangssprachlicher Name
Tragant

Familie
Leguminosae/Papilionaceae

Verwendete Teile
Wurzel

Geschmack
Süß

Charakter
Leicht warm

Meridiane
Milz, Lunge

Wirkungsweise
Krampflösend, harntreibend, galletreibend, nervenanregend, antibakteriell, senkt Blutzuckerspiegel und Blutdruck, immunstimulierend

Traditionelle Verwendung
- Qi und Blut stärken
- Wei Qi stabilisieren und Schweißbildung hemmen
- Eiter ableiten und die Wundheilung beschleunigen
- den Wasserhaushalt regulieren, Ödeme beseitigen

Typische Dosierung (China)
9–15 Gramm

Kombinationen
Mit Ren Shen bei Schwäche, Appetitlosigkeit und Ermüdung mit Qi-Mangel; mit Bai Zhu bei Schwäche mit mangelndem Milz-Qi; mit Dang Gui bei Blut-Mangelsyndromen; mit Chai Hu (*Bupleurum falcatum*) bei kollabiertem Milz-Qi; mit Gui Zhi bei schmerzhaften Blockaden und zur Stärkung von Wei Qi und Nahrungs-Qi.

ASTRAGALUS MEMBRANACEUS

Warnhinweis

Meiden bei Übermaßsyndromen (Seite 72–73) oder Yin-Mangel (Seite 68–69).

Das Qi fördern

Qigong

Qigong soll „Krankheiten eliminieren und das Leben verlängern". Es verwendet Übungen, die das Qi stärken und fokussieren.

Zu den traditionellen chinesischen Therapien zählen verschiedene Übungsformen und Massagetechniken, die unsere inneren Energien kräftigen sollen.

Das Qigong reicht zurück in die Zeit des Gelben Kaisers und der Taoisten. Qi bedeutet „Atem" oder „Lebensenergie". Gong kann bedeuten: die für den Erwerb einer Fertigkeit aufgebrachte Zeit, die Qualität des Übens und die tatsächliche Aneignung der Kunst. Qigong kann eine sinnvolle Form der Selbsthilfe darstellen, ist jedoch zugleich ein wichtiges Therapieverfahren. Traditionelle chinesische Hospitäler verfügen meist über eine Qigong-Abteilung, wo chronisch Kranke in diese Technik eingeführt werden.

Qigong-Massage

Qigong-Meister können ihr eigenes Qi einsetzen, um schwerkranken Patienten kräftigende Massagen zu verabreichen. Außerdem dient die Massage dazu, das Gleichgewicht zwischen Yin und Yang wiederherzustellen – bei Mangelsyndromen eher sanft, bei Übermaßsyndromen jedoch mit fester Hand.

Die Yang-Massage umfasst energisches Drücken, Pressen und Klopfen, während sich die Yin-Variante mehr auf Streichen, Glätten und Kneten konzentriert.

Yang-Behandlungen dienen dazu, Ödeme, Schwellungen und Schlaflosigkeit zu beseitigen und stagnationsbedingte Schmerzen zu lindern. Mit Yin-Therapien begegnet man Qi- und

Blutmangel, allgemeiner Schwäche oder Steifheit in Verbindung mit Kälte und Feuchte.

Qigong-Übungen

Qigong-Übungen nehmen viel Zeit in Anspruch und verlangen oft mehrere Stunden Geduld, bis eine eingenommene Körperposition überzeugt. Auch hier gilt: Übung macht den Meister. Die Qigong-Übungen werden gewöhnlich in drei Hauptgruppen unterteilt: regungsloses Qigong, eine Art Meditation; dynamisches Qigong, das sich auf Atemübungen konzentriert; und dynamisch-regungsloses Qigong, die im Westen wahrscheinlich bekannteste Form. Sie umfasst verschiedene Haltungen und Bewegungen und kann daher dem Tai Chi sehr ähnlich erscheinen.

Üben

Als einfaches Mittel der Selbsthilfe zur Verbesserung von Gesundheit und Wohlbefinden muss Qigong eingeübt werden – oder wie man in China sagt: „Das Wichtigste beim Qigong ist Beharrlichkeit."

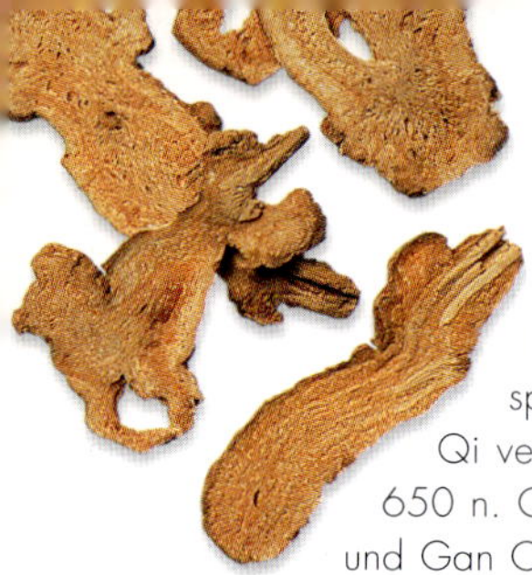

BAI ZHU Atractylodes macrocephala

Bai Zhu ist eines der wichtigsten Stärkungsmittel, das speziell bei Mangelsyndromen des Milz- oder Magen-Qi verwendet wird. In China seit der Tang-Dynastie (um 650 n. Chr.) vielfach eingesetzt, ist es mit Ren Shen, Fu Ling und Gan Cao Bestandteil der berühmten „Abkochung der vier edlen Zutaten" (*Si Jun Zi Tang*). In jüngerer Vergangenheit wurde es als Appetitzügler im Rahmen von Diätprogrammen beworben.

Kurzporträt

BOTANISCHER NAME
Atractylodes macrocephala

UMGANGSSPRACHLICHER NAME
Großköpfiges Speichelkraut

FAMILIE
Compositae/Asteraceae

VERWENDETE TEILE
Wurzelstock

GESCHMACK
Süß, bitter

CHARAKTER
Warm

MERIDIANE
Milz, Magen

WIRKUNGSWEISE
Antibakteriell, gerinnungshemmend, verdauungsfördernd, harntreibend, senkt den Blutzuckerspiegel

TRADITIONELLE VERWENDUNG
- Milz und Qi stärken
- Feuchte ableiten
- übermäßige Schweißbildung eindämmen, die Abwehrkraft verbessern

TYPISCHE DOSIERUNG (CHINA)
3–12 Gramm

KOMBINATIONEN
Verwendung vor allem bei Problemen in Verbindung mit Mangelsyndromen von Milz oder Magen; zusammen mit Fu Ling und Chen Pi bei Milzmangel; mit Dang Gui, Bai Shao Yao, Huang Qin und Chuan Xiong als Blut-Tonikum bei Menstruationsbeschwerden; mit Gan Jiang bei Kälteleiden mit Beeinträchtigung des Dreifach-Erwärmers (siehe Seite 180–181).

ATRACTYLODES MACROCEPHALA

Warnhinweis

Meiden bei durch extremen Durst charaktisiertem Yin-Mangel (siehe Seite 68–69).

DA ZAO/HONG ZAO

Ziziphus jujuba Da Zao („große Dattel"), eines der wichtigsten Ausgleichsmittel in der chinesischen Medizin, wird häufig verordnet, um die konkurrierenden Wirkungen anderer Arzneizutaten auszugleichen. Die roten Datteln (Hong Zao) haben eine ähnliche Wirkung wie die schwarzen (Da Zao), gelten jedoch als wirkungsvollerer Blutnährstoff. Meist werden dem Tang 3 bis 10 Datteln beigegeben.

Kurzporträt

Botanischer Name
Ziziphus jujuba

Umgangssprachlicher Name
Chinesische Dattel

Familie
Rhamnaceae

Verwendete Teile
Früchte

Geschmack
Süß

Charakter
Warm

Meridiane
Milz, Magen

Wirkungsweise
Nahrhaft, schützt vor Leberschäden

Traditionelle Verwendung
- Milz und Magen-Qi stärken
- Nahrungs-Qi (Ying Qi) und Blut kräftigen
- den Geist (Shen) beruhigen
- die Wirkungen anderer Kräuter ausgleichen

Typische Dosierung (China)
10–30 Gramm

Kombinationen
Ausgleichsmittel diverser Rezepturen; zusammen mit Ren Shen zum Harmonisieren des Qi; mit Sheng Jiang bei Disharmonien von Wei Qi und Nahrungs-Qi und zur Verbesserung von Verdauung und Resorption; mit Gan Cao und Fu Xiao Mai zur Beruhigung bei hysterischem Verhalten im Zusammenhang mit einem Ungleichgewicht der Zang-Fu-Systeme.

ZIZIPHUS JUJUBA

Warnhinweis

Bei Feuchte, gestörter Verdauung oder Schleimbildung meiden.

Kräuter zur Regulierung und Stärkung des Xue (Blut)

Gut für den Kreislauf
Kräuter wie Dang Gui sind verlässliche Kraftspender, die auch die Durchblutung fördern.

In der TCM genießt die Zahl Fünf eine große Bedeutung, und so ist das Qi eine der fünf Grundsubstanzen – neben Xue (Blut), Jing (Essenz), Shen (Geist) und Jin-Ye (Körpersäfte), die allesamt miteinander verknüpft sind und durch Kräuter genährt werden können.

Besser fasslich als das Qi, besteht Xue aus einer Mischung von Nahrungs-Qi, Nahrungsessenz und Körpersäften. Meist bedeutet es mehr als einfach nur Blut, da es auch als Voraussetzung für geistige Aktivitäten angesehen wird: starkes Xue und Qi bedeuten klares Denken und Tatkraft.

Xue und Jin-Ye sind Yin. Jeglicher Verlust an Körpersäften, etwa durch Schwitzen, kann das Xue schädigen und Mangel hervorrufen. Da die Leber als Blutreservoir gilt, wird durch eine Schädigung der Leber oftmals auch das Xue beeinträchtigt.

Blutkrankheiten

Die alte chinesische Krankheitslehre kennt vier Hauptsyndrome, die das Xue schädigen können: Blutungen, stockendes Blut oder erstarrtes, erhitztes Blut und Blutmangel.

Blutstillende Kräuter sind San Qi, Xian He Cao (Chinesischer Odermenning, *Agrimonia pilosa*), Di Yu (*Sanguisorba officinalis*), Huai Hua Mi, Ce Bai Ye (Blätter von *Thuja orientalis*) und Ai Ye.

Belebende Kräuter wie Chuan Xiong, Yan Hu Suo, Jiang Huang (Gelbwurz,

Curcuma longa), Yi Mu Cao (Chinesisches Mutterkraut, *Leonurus heterophyllus*), Yue Ju Hua (*Rosa chinensis*), Chi Shao Yao und Dan Shen bewegen stockendes Blut. Kühlende Kräuter wie Chi Shao Yao bekämpfen Hitze im Blut, während nährende Arzneien wie Dang Gui blutbildend wirken und Mangelzuständen begegnen. In westlicher Begrifflichkeit sind die vier Hauptsyndrome etwa gleichbedeutend mit:

- Blutungen;
- Klumpenbildung (wie bei Thrombose) sowie Kreislaufproblemen oder jeglicher Ansammlung von Blut und ähnlichen Substanzen (z. B. Bildung der Gebärmutterschleimhaut vor der Menstruation);
- Reizungen oder Entzündungen mit sich warm anfühlender Haut;
- Anämie (Blutarmut).

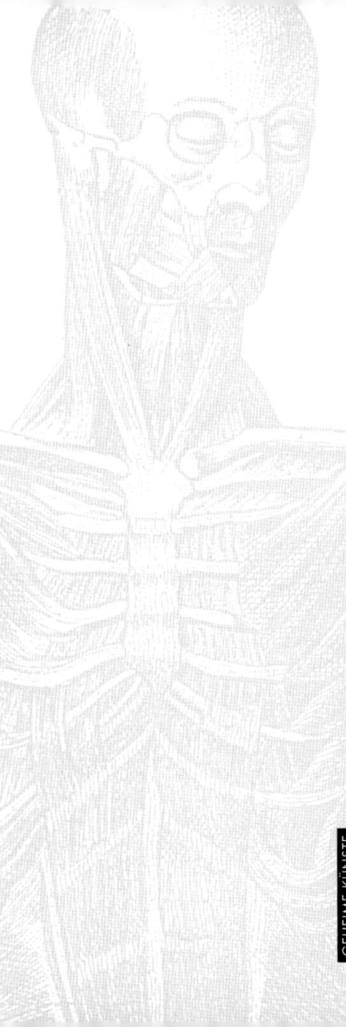

SAN QI

Panax pseudoginseng San Qi (Tian Qi), ein enger Verwandter des Roten Ginseng, wird verwendet, um Blutgerinnsel, verletzungsbedingte Schwellungen und Weichteilläsionen zu beseitigen, zudem etwa bei Angina pectoris, Nasenbluten und blutenden Magengeschwüren. Die Pflanze wurde im 16. Jahrhundert von Li Shi Zhen in seinem Kräuterbrevier *Ben Cao Gang Mu* erstmals erwähnt.

Kurzporträt

BOTANISCHER NAME
Panax pseudoginseng

UMGANGSSPRACHLICHER NAME
Sanchi, Notoginseng

FAMILIE
Araliaceae

VERWENDETE TEILE
Wurzel

GESCHMACK
Süß, leicht bitter

CHARAKTER
Warm

MERIDIANE
Leber, Magen

WIRKUNGSWEISE
Antibakteriell, entzündungshemmend, verbessert die Herzfunktion, kreislauffördernd, harntreibend, blutstillend, senkt den Blutzuckerspiegel, wirkt gefäßerweiternd

TRADITIONELLE VERWENDUNG
- Blutungen stillen und Blutstockung aufheben
- Schwellungen verringern und Schmerzen lindern

TYPISCHE DOSIERUNG (CHINA)
2–6 Gramm

KOMBINATIONEN
Oft einzeln verwendet, doch auch gut kombinierbar mit milden westlichen Arzneien wie *Ulmus rubra* bei Magengeschwüren; mit Moschus (She Xiang) im Rahmen der Rezeptur Yun Nan Bai Yao als wirksame Notfallmedizin bei inneren oder äußeren Blutungen; zusammen mit Galläpfeln (Wu Bei Zi) für Umschläge nach traumatischen Verletzungen.

PANAX PSEUDOGINSENG

Warnhinweis

Nicht in der Schwangerschaft und bei Blutmangelsyndromen nur mit Vorsicht verwenden.

HUAI HUA Sophora japonica

Die Knospen und Früchte des Schnurbaums oder Japanischen Pagodenbaums werden in der TCM verwendet, um Hitze aus dem Blut abzuleiten. Die Knospen wirken blutdrucksenkend, während die Früchte Leber-Feuer ableiten. Seltener werden in der traditionellen Medizin auch die unreifen Knospen verwendet, da sie Rutin enthalten, einen Bestandteil von frei verkäuflichen Mitteln gegen Kapillarbrüchigkeit.

Kurzporträt

Botanischer Name
Sophora japonica

Umgangssprachlicher Name
Schnurbaum, Japanischer Pagodenbaum

Familie
Leguminosae/Papilionaceae

Verwendete Teile
Knospen, Früchte

Geschmack
Bitter

Charakter
Leicht kalt

Meridiane
Leber, Dickdarm

Wirkungsweise
Entzündungshemmend, blutdrucksenkend, antibakteriell, krampflösend, blutstillend, verringert kapillare Permeabilität

Traditionelle Verwendung
- Hitze aus dem Blut ableiten und Blutungen stillen
- die Leber kühlen

Typische Dosierung (China)
9–15 Gramm

Kombinationen
Mit Honig gekocht bilden die Knospen eine Lungenarznei; zusammen mit Bitterorange (Zhi Ke, *Citrus aurantium*) und anderen Kräutern bei Durchblutungsstörungen der unteren Körperregionen (z. B. Hämorrhoiden); mit Moschus (She Xiang) bei blutigem Erbrechen; die Früchte bilden u. a. mit Dang Gui und Huang Qin das Huai Jiao Wan, das man gegen Blut im Stuhl und Hämorrhoiden einsetzt.

SOPHORA JAPONICA

Warnhinweis

Mit Vorsicht verwenden bei kalten Mangelsyndromen von Milz oder Magen oder Uterusblutungen mit Qi-Mangel (siehe Seite 80–89).

Die fünf Grundsubstanzen

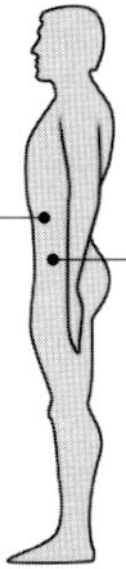

Jin-Ye und Jing
Jin-Ye (Körpersäfte) und Jing (Essenz) sind zwei der fünf für die Gesundheit unverzichtbaren Grundsubstanzen.

Außer Qi und Xue zählen Körpersäfte (Jin-Ye), Essenz (Jing) und Shen (Bewusstsein) zu den fünf Grundsubstanzen. Diese „drei Schätze" spielen eine bedeutende Rolle für den Erhalt der Gesundheit.

Jin-Ye

Wie das Blut sind auch die Körpersäfte ihrem Charakter nach Yin. Ihr Name setzt sich aus Jin („klare Flüssigkeit") und Ye („trübe Flüssigkeit") zusammen. Jin-Ye umfasst Speichel, Magensäfte, Schleim, Tränen und Schweiß – allesamt aus unserer festen und flüssigen Nahrung gewonnen und in Milz und Magen umgewandelt in Jin und Ye.

Die Jin-Säfte werden teilweise im Blut transportiert und manifestieren sich außerdem als Schweiß. Die dickeren Ye-Säfte nähren die inneren Körperteile wie Gelenke, Gehirn und Knochenmark. Im Körper zirkulierend, werden die Jin-Ye weitgehend durch Milz, Lunge und Nieren gesteuert. Aus diesem Grund kann die Schwächung eines dieser Organe für resultierende Mängel oder Fehlfunktionen der Säfte verantwortlich sein.

Jing

Noch wichtiger als das uns eher vertraute Qi verkörpert das Jing („Essenz") die Grundsubstanz als Quell sämtlicher lebenden Organismen.

Das Jing wird in den Nieren gespeichert. Man unterscheidet die angeborene, von den Eltern geerbte und die erworbene Essenz, die in der Milz aus Nahrung, Luft und Wasser gebildet wird. Die angeborene Essenz kontrolliert Reproduktion und Kreativität, während das erworbene Jing die Qualität von Ernährung und Lebensweise widerspiegelt. Die angeborene Essenz verringert sich mit dem Alter, entsprechend den äußeren Zeichen des Alterungsprozesses. Die Schwächen unseres ererbten Jing können jedoch – mittels gesunder Ernährung und Lebensweise – durch die erworbene Essenz ausgeglichen werden.

Shen

Shen (meist als „Bewusstsein" oder „Geist" übersetzt) ist die innere Kraft hinter der Essenz und der Energie. Auch das Shen ist eng mit der Lebensweise und Kreativität verknüpft.

Geschädigtes Shen kann zu Vergesslichkeit, verlangsamtem Denken oder Schlaflosigkeit führen.

Weitere Informationen

Jing, siehe Seite 200; **Qi,** Seite 200–201; **Shen,** Seite 213; **Xue,** Seite 96–97.

AI YE **Artemisia vulgaris**

Beifuß, der in Europa viele Böschungen und Wegränder bevölkert, wurde einst mit Hexerei verbunden. Heute dient er vor allem als ein Mittel, das die Verdauung anregt und beruhigt; zudem ist er ideal bei Wechseljahrsbeschwerden. In China wird Beifuß im Rahmen der Moxibustion auf Akupunkturnadeln abgebrannt, um die Meridiane zu wärmen. Studien zeigen, dass er, wie die verwandte Art *Artemisia annua*, auch bei Malaria hilfreich ist.

Kurzporträt

BOTANISCHER NAME
Artemisia vulgaris

UMGANGSSPRACHLICHER NAME
Beifuß, Mutterkraut

FAMILIE
Compositae/Asteraceae

VERWENDETE TEILE
Blätter

GESCHMACK
Scharf, bitter

CHARAKTER
Warm

MERIDIANE
Lunge, Leber, Milz, Nieren

WIRKUNGSWEISE
Antibakteriell, antimykotisch, schleimlösend, stimuliert die Gebärmutter

TRADITIONELLE VERWENDUNG
- die Meridiane wärmen
- Blutungen stillen
- Kälte und Schmerzen vertreiben
- Schleim lösen (bei Husten und Asthma)

TYPISCHE DOSIERUNG (CHINA)
3–9 Gramm

KOMBINATIONEN
Zusammen mit schwarzer Gelatine (E Jiao), Shu Di Huang, Dang Gui, Chuan Xiong, Gan Cao und Bai Shao Yao im Jiao Ai Tang als klassischem Rezept bei Blutungen während der Schwangerschaft und drohendem Abort; auch mit Gan Jiang oder Rou Gui bei Bauchschmerzen in Verbindung mit Kälte; mit Xiang Fu bei Bauchschmerzen mit kaltem, stockenden Qi.

ARTEMISIA VULGARIS

Warnhinweis

Nicht verwenden bei Hitze im Blut durch Yin-Mangel (siehe Seite 68–69). Kann in sehr hohen Dosen Krampfanfälle auslösen. Während der Schwangerschaft nur unter ärztlicher Aufsicht einnehmen.

CHUAN XIONG Ligusticum wallichii

Chuan Xiong ist mit dem als Küchengewürz geschätzten europäischen Liebstöckel verwandt und außerdem mit dem in Nordamerika beliebten *Ligusticum porteri*. Es wird in China seit dem 14. Jahrhundert zur Kräftigung des Blutes bei Menstruations- und Herzproblemen verwendet, außerdem bei gehemmtem Leber-Qi in Verbindung mit Bauchweh und bei Kopfschmerzen.

Kurzporträt

BOTANISCHER NAME
Ligusticum wallichii

UMGANGSSPRACHLICHER NAME
Szechuan-Liebstöckel

FAMILIE
Umbelliferae/Apiaceae

VERWENDETE TEILE
Wurzelstock

GESCHMACK
Scharf

CHARAKTER
Warm

MERIDIANE
Leber, Herzbeutel, Gallenblase

WIRKUNGSWEISE
Antibakteriell, blutdrucksenkend, beruhigend, stimuliert die Gebärmutter

TRADITIONELLE VERWENDUNG
- Blut- und Qi-Zirkulation anregen
- Schmerzen, Kopfweh und Hautausschlag (verursacht durch Wind) lindern
- das Qi nach oben leiten

TYPISCHE DOSIERUNG (CHINA)
3–9 Gramm

KOMBINATIONEN
Zusammen mit Dang Gui, Bai Shao Yao und Shu Di Huang im Si Wu Tang bei Menstruationsstörungen und Anämie; u. a. mit Ren Shen, Bai Zhu und Dang Gui im Ba Zhen Tang bei Menstruationsproblemen; mit Bo He und Bai Zhi bei windbedingten Kopfschmerzen; mit Chai Hu oder Cang Zhu bei Verdauungsstörungen und Bauchschmerzen.

LIGUSTICUM WALLICHII

Warnhinweis

Nicht verwenden bei Kopfschmerzen durch Yin-Mangel oder bei übermäßigem Leber-Yang. In der Schwangerschaft und bei starker Regel meiden.

Blutstockung

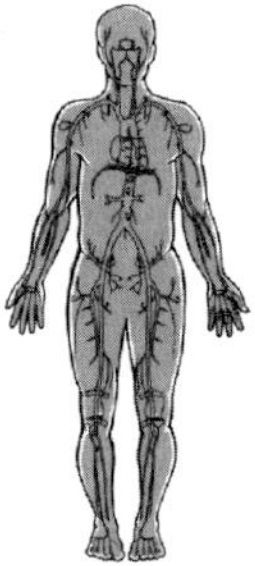

Kreislauf
Die TCM geht von einem anderen Verständnis des Blutkreislaufs aus als die westliche Schulmedizin.

Mit Begriffen wie „stockendes Blut" bezeichnet die TCM eine Vielzahl von Herz- und Menstruationsstörungen durch eine Blockade des Blutflusses. Mögliche Ursachen sind äußere Krankheitsfaktoren, unzureichende Blutstillung, traumatische Verletzungen, stockendes Qi oder Stauung der Lochien (Scheidensekrete) nach der Entbindung. Stockendes Blut ist durch Schmerzen charakterisiert, die sich weder durch heiße Umschläge noch durch Eisbeutel lindern lassen. Blutungen können ebenfalls auftreten. Typische Zeichen sind rosafarbener Teint, dunkelrote Lippen und trockene, schuppige Haut.

Thrombosen, lokale Ischämien (Gewebeschäden durch unzureichende Blutversorgung), Menstruationsprobleme, bestimmte Herzleiden und Blutungen könnte man in der TCM unter dem Oberbegriff „geronnenes Blut" zusammenfassen.

Menstruationsprobleme

Zahlreiche gynäkologische Beschwerden sind mit Blutstockung verknüpft, da man die allmonatliche Bildung des Endometriums (Schleimhautauskleidung der Gebärmutter) als geringe Menge stagnierenden Blutes ansehen kann.

Gleiches gilt für bestimmte Regelschmerzen, die häufig auch mit Qi-Mangel einhergehen. Typisch sind schmerzhafte Krämpfe ungefähr einen Tag vor Einsetzen der (nicht selten verspäteten oder unregelmäßigen) Periode, mit eher dunklem, klumpenreichen Ausfluss. Die Behandlung umfasst gewöhnlich nährende Blutarzneien wie Dang Gui mit Kräutern wie Dan Shen, Xiang Fu und Chuan Xiong, die den Blut- und den Qi-Kreislauf beleben.

In der TCM gilt die chronische Eileiterentzündung (Salpingitis) als eine mit menstrueller Fehlfunktion verknüpfte Blutstockung. Der in diesen Fällen häufig verordnete Shen Hua Tang kombiniert Dang Gui mit Chuan Xiong und Tao Ren (Pfirsichsamen, *Prunus persica*) zwecks Kreislaufbelebung, während Gan Jiang und Gan Cao wärmend und harmonisierend wirken. Beigefügt werden könnte Xiang Fu, um das Leber-Qi anzuregen (die Leberenergie ist eng mit der Menstruation verknüpft), sowie Yan Hu Suo zur Schmerzlinderung.

Weitere Informationen

Dan Shen, siehe Seite 106; **Dang Gui,** Seite 115; **Gan Cao,** Seite 90; **Gan Jiang,** Seite 146; **Xiang Fu,** Seite 83; **Yan Hu Suo,** Seite 107.

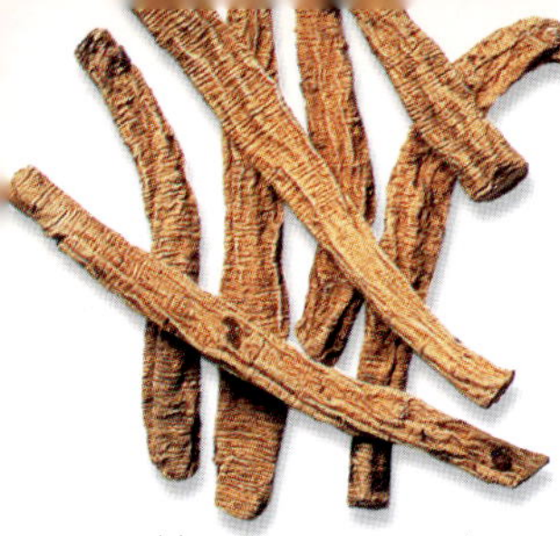

DAN SHEN *Salvia miltiorrhiza*

Im Rahmen der klinischen Erprobung konnte der Nutzen des Rotwurzsalbeis bei Herzerkrankungen und Minderdurchblutung des Gehirns nachgewiesen werden. Shen Nong empfahl ihn als Mittel gegen „übles Qi in Herz und Unterleib". Der von ihm alternativ verwendete Name Que Chan Cao bedeutet „Zikaden abwehrendes Kraut". Weitere Anwendungsgebiete sind Schlaflosigkeit und Herzklopfen.

Kurzporträt

BOTANISCHER NAME
Salvia miltiorrhiza

UMGANGSSPRACHLICHER NAME
Rotwurzsalbei

FAMILIE
Labiatae/Lamiaceae

VERWENDETE TEILE
Wurzel und Wurzelstock

GESCHMACK
Bitter

CHARAKTER
Leicht kalt

MERIDIANE
Herz, Leber, Herzbeutel

WIRKUNGSWEISE
Gerinnungshemmend, antibakteriell, immunstimulierend, kreislauffördernd, gefäßerweiternd, fördert die Zellregeneration, beruhigend, senkt den Cholesterin- und Blutzuckerspiegel

TRADITIONELLE VERWENDUNG
- den Kreislauf beleben und Stockungen beseitigen
- Hitze ableiten
- den Geist beruhigen und Reizbarkeit verringern

TYPISCHE DOSIERUNG (CHINA)
3–15 Gramm

KOMBINATIONEN
Mit Dang Gui, Chuan Xiong und anderen Kräutern bei Regelschmerzen und unregelmäßiger Periode; mit Mu Dan Pi und Sheng Di Huang bei Hitzesyndromen mit Nasenbluten und blutigem Auswurf; im Rahmen der Rezeptur Dan Shen Yin zusammen mit Sandelholz und einer Kardamomart bei Angina pectoris.

SALVIA MILTIORRHIZA

Warnhinweis

Bei Fehlen von Blutstockung meiden.

YAN HU SUO **Corydalis solida**

Yan Hu Suo ist eines der effektivsten Schmerzmittel in der chinesischen Medizin. Anwendungsgebiete sind Regelschmerzen, Hexenschuss, Bauchschmerzen (auch durch Blinddarmentzündung und Magengeschwüre) sowie traumatische Verletzungen. Die Pflanze gehört zur Gattung der Mohngewächse und enthält Corydalin, ein analgetisches Alkaloid von ähnlicher Stärke wie Morphium.

Kurzporträt

Botanischer Name
Corydalis solida

Umgangssprachlicher Name
Yanhuso-Lerchensporn

Familie
Papaveraceae

Verwendete Teile
Wurzelstock

Geschmack
Scharf, bitter

Charakter
Warm

Meridiane
Leber, Milz

Wirkungsweise
Schmerzstillend, beruhigend, krampflösend, die Nebennieren anregend

Traditionelle Verwendung
- den Kreislauf anregen und Stauungen aufheben
- die Zirkulation des Qi regulieren
- Schmerzen lindern

Typische Dosierung (China)
3–9 Gramm

Kombinationen
Zusammen mit Xiang Fu und Chuan Xiong bei Regelschmerzen mit stockendem Qi und Blut; mit Rou Gui bei Regelschmerzen; mit Gui Zhi bei Gliederschmerzen; außerdem gegen nahezu sämtliche Schmerzen, wenn mit Kräutern kombiniert, die der Behandlung des Grundleidens dienen.

CORYDALIS SOLIDA

Warnhinweis
In der Schwangerschaft meiden.

Das Herz

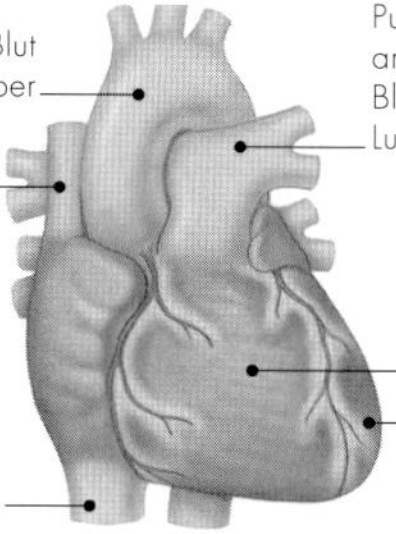

Das menschliche Herz
Das Herz unterscheidet sich aus chinesischer Sicht stark von unserem landläufigen anatomischen Modell.

Zusammen mit Nieren, Leber, Milz und Lunge gilt das Herz in der chinesischen Medizin als eines der fünf Festorgane (Zang). Den Kreislauf kontrollierend „beherrscht es das Blut und seine Gefäße".

Bei guter Energie (Qi) des Herzens ist auch das Blut kräftig und die Person gesund und vital. Allerdings besitzt das Herz in der TCM einige Eigenschaften, die uns eher befremdlich erscheinen. So heißt es etwa, man könne es in der Gesichtsfarbe erkennen, es sei mit der Zunge verknüpft und kontrolliere die mentalen Aktivitäten.

Da das Herz eng mit den Blutgefäßen assoziiert ist, spiegelt sich seine Gesundheit im Gesicht wider. Starkes Herz-Qi führt zu einem gesunden Teint, während Blässe auf ein schwaches Qi hindeutet. Da das Herz darüber hinaus mit der Zunge in Verbindung gebracht wird, steht in der chinesischen Medizin der Geschmack für die Reflexion der Herz-Qi-Vitalität.

Mentale und spirituelle Attribute

Das Herz wird gleichsam als herrschendes Mitglied der Zang-Fu-Organe aufgefasst und kontrolliert sämtliche Lebensvorgänge. Eine ähnliche Sichtweise findet sich auch in anderen traditionellen Medizintheorien wie dem Ayurveda und im altägyptischen Glaubenssystem, bei denen das Herz eng mit der Seele und den Emotionen verknüpft ist.

In der chinesischen Medizin gilt nicht das Gehirn, sondern vielmehr das Herz als Kontrollorgan über die „mentalen Aktivitäten", die alle möglichen Dinge

wie Denkprozesse, Wahrnehmung, geistige Gesundheit und Verhalten umfassen.

Demnach geht man auch davon aus, dass mentale Störungen durch eine Schädigung des Herzen verursacht werden; bei den Arzneien, denen man seit jeher nachsagt, dass sie „den Geist beruhigen", handelt es sich häufig um solche Mittel, die man im Westen zum Regulieren der Herztätigkeit einsetzen würde.

Das Herz wird auch mit „Freude" assoziiert, wobei dieser Begriff im traditionsorientierten, konservativen China auch unbotmäßiges Verhalten beinhalten kann.

Krankes Herz

„Die an krankem Herzen leiden, sind am Mittag mit Leben erfüllt und geistesgegenwärtig, um Mitternacht ist ihr Geist erhöht und am Morgen sind sie friedvoll und still."

Huang Di: Nei Jing Su Wen, um 2500 v. Chr.

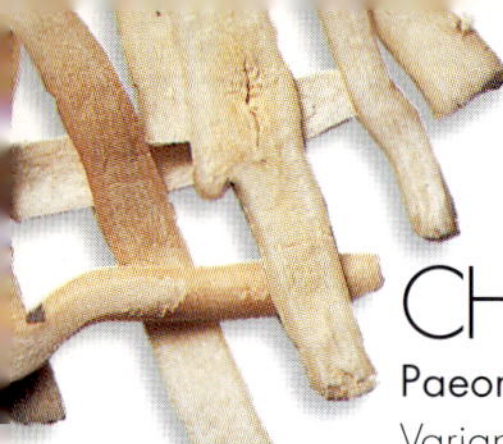

CHI SHAO YAO/BAI SHAO YAO

Paeonia lactiflora Die Rote und die Weiße Pfingstrose sind Varianten der gleichen Spezies. Ihre chinesischen Namen beziehen sich jedoch nicht auf die Farbe der Blüten, sondern auf die der Wurzeln. Chi Shao Yao besitzt dunklere Wurzeln und wird traditionell von Wildpflanzen gewonnen, während Bai Shao Yao von kultivierten Exemplaren stammt. Beide werden nachweislich seit etwa 500 v. Chr. verwendet.

Kurzporträt

BOTANISCHER NAME
Paeonia lactiflora

UMGANGSSPRACHLICHER NAME
Rote und Weiße Pfingstrose

FAMILIE
Paeoniaceae

VERWENDETE TEILE
Wurzel

GESCHMACK
Sauer, bitter

CHARAKTER
Leicht kalt

MERIDIANE
Leber, Milz

WIRKUNGSWEISE
Harntreibend, entzündungshemmend, krampflösend, blutdrucksenkend, schmerzstillend, gerinnungshemmend, senkt den Cholesterin- und Blutzuckerspiegel

TRADITIONELLE VERWENDUNG
Bai Shao Yao:
- Leberfunktionen und Energie ausgleichen
- das Blut nähren
- das Leber-Qi beruhigen

Chi Shao Yao:
- das Blut kräftigen und Stockungen vertreiben
- Hitze ableiten/das Blut kühlen
- Leber-Feuer ableiten

TYPISCHE DOSIERUNG (CHINA)
Chi Shao Yao: 6–15 Gramm
Bai Shao Yao: 9–18 Gramm

KOMBINATIONEN
Bai Shao Yao zusammen mit Dang Gui und Shu Di Huang bei Menstruationsproblemen mit Leber- oder Blutmangel; Chi Shao Yao mit Xiang Fu und Chuan Xiong bei Regelschmerzen mit Blutstockung.

PAEONIA LACTIFLORA

Warnhinweis

Bai Shao Yao bei Durchfall und Bauchkälte meiden. Chi Shao Yao meiden, wenn nichts auf eine Blutstockung hindeutet.

HUAI NIU XI Achyranthes bidentata

Huai Niu Xi bedeutet „Ochsenknie vom Huai-Fluss". Dies ist eine blumige Umschreibung der knotigen Stängel, verweist aber zugleich auf eine Verwendung als Leberarznei. Die Leber ist nämlich mit den Sehnen assoziiert, weshalb schmerzende Knie oft auf Stockungen in der Leber verweisen. Huai Niu Xi ist eine richtungsspezifische, in den unteren Teil des Körpers lenkende Arznei.

Kurzporträt

Botanischer Name
Achyranthes bidentata

Umgangssprachlicher Name
Spreublume

Familie
Amaranthaceae

Verwendete Teile
Wurzel

Geschmack
Bitter, sauer

Charakter
Neutral

Meridiane
Leber, Nieren

Wirkungsweise
Schmerzstillend, harntreibend, blutdrucksenkend

Traditionelle Verwendung
- die Durchblutung anregen und stockendes Blut ableiten
- Sehnen und Knochen kräftigen, Leber und Nieren nähren
- feuchte Hitze im unteren Jiao ableiten
- Blut und Qi nach unten richten

Typische Dosierung (China)
6–15 Gramm

Kombinationen
Zusammen mit Du Zhong bei Schmerzen in Rücken und Beinen; mit Dang Gui, Rou Gui und Hong Hua (Färberdistel) bei Menstruationsproblemen mit stockendem Blut; mit Dang Gui und Huang Qin bei Harnwegsproblemen wie Blasenentzündung; mit Sheng Di Huang bei Zahnfleischleiden mit Yin-Mangel.

ACHYRANTHES BIDENTATA

Warnhinweis
In der Schwangerschaft und bei starker Periode meiden.

Das Blut nähren

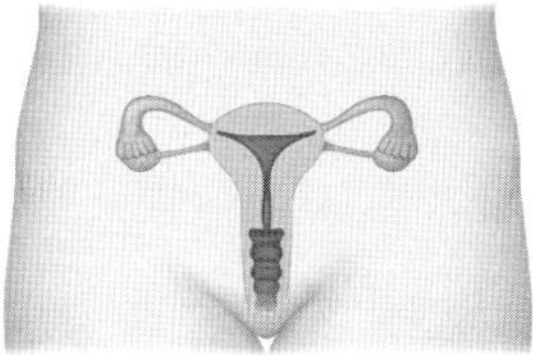

Menstruationszyklus
Da die Leber in der TCM als Blutspeicher gilt, ist sie eng mit der Menstruation verknüpft.

Blutmangelsyndrome sind gekennzeichnet durch Blässe, Benommenheit, Schwindel, Sehschwäche, Ermüdung, Herzklopfen, unregelmäßige Periode, Taubheit/Tinnitus und trockene Haut. Ein westlicher Arzt würde einige dieser Symptome vielleicht auf Anämie (häufiger Eisenmangel bei Frauen im gebärfähigen Alter) zurückführen, doch sie können auch auf eine Herzschwäche oder chronische Lebererkrankung hindeuten.

In der TCM bedeuten Blutmangelsymptome fast immer Probleme mit der Leber oder dem Herzen. Viele der zur Behandlung verwendeten Kräuter sind reich an Nährstoffen und versorgen den Körper mit den essenziellen Mineralien oder Vitaminen, die zur Blutbildung benötigt werden. Da das Blut eine Yin-Substanz ist, kombiniert man sie meist mit Yin-Arzneien. Viele Mittel sollen zugleich auch das Qi stärken, das oftmals ebenfalls einen Mangel aufweist.

Regelschmerzen

Abgesehen von Blutstockungen sind Qi- und Blutmangel eine weitere häufige Ursache für Menstruationsprobleme. Beides muss bei der Diagnose unterschieden werden, denn es wäre unangemessen, das Blut zu nähren, wenn eigentlich ein durchblutungsförderndes Mittel erforderlich ist.

Kennzeichen für mangelbedingte Regelschmerzen sind eine verspätet einsetzende Periode, dumpfer Schmerz (anstatt von Krämpfen) und heller, klumpenfreier Ausfluss, häufig gepaart mit Mattheit, Herzklopfen und Benommenheit.

Eines der klassischen Mittel gegen derartige Beschwerden ist die „Abkochung der acht wertvollen Zutaten" (Ba Zhen Tang), die als „Kostbare Frauenpillen" häufig auch in Tablettenform angeboten wird. Gegenüber Ren Shen wird häufig das Yin-artigere und daher bei Blutmangel angemessenere Dang Shen bevorzugt, zudem Bai Zhu, Shu Di Huang, Dang Gui, Bai Shao Yao, Chuan Xiong und Gan Cao.

Bei Blut- und Qi-Mangel wird oft Huang Qi und Rou Gui oder Sheng Jiang hinzugefügt, sofern eine wärmende Zutat angemessen ist.

Bei unregelmäßiger Menstruation und Rückenschmerzen kann Chinesisches Herzgespannkraut (Yi Mu Cao) hinzukommen, oder auch etwas Du Zhong.

Weitere Informationen

Bai Shao Yao, siehe Seite 110; **Chuan Xiong,** Seite 103; **Dang Gui,** Seite 115; **Dang Shen,** Seite 87; **Du Zhong,** Seite 71; **Ren Shen,** Seite 86.

HE SHOU WU Polygonum multiflorum

He Shou Wu, im Westen auch unter seinem kantonesischen Namen Fo Ti bekannt, ist ein Blut-Tonikum, das dazu beiträgt, Energiemangel der Nieren und Leber auszugleichen. Der Name bedeutet „schwarzhaariger Herr He" und verweist wohl auf seine traditionelle Verwendung, frühzeitig ergrautem Haar zu begegnen. Seit dem 8. Jahrhundert in China als Heilkraut verwendet, wird es im *Ri Hua Zi Ben Cao* (713 n. Chr.) erstmals erwähnt.

Kurzporträt

BOTANISCHER NAME
Polygonum multiflorum

UMGANGSSPRACHLICHER NAME
Vielblütiger Knöterich

FAMILIE
Polygonaceae

VERWENDETE TEILE
Wurzel

GESCHMACK
Bittersüß, zusammenziehend

CHARAKTER
Leicht warm

MERIDIANE
Leber, Nieren

WIRKUNGSWEISE
Antibakteriell, verbessert die Herzfunktion, hormonell aktiv, abführend, erhöht den Blutzuckerspiegel, senkt den Cholesterinspiegel

TRADITIONELLE VERWENDUNG
- Leber- und Nieren-Jing auffüllen, Blut nähren
- Feuergifte neutralisieren
- äußere Winde ableiten
- den Darm schmieren (als Abführmittel)

TYPISCHE DOSIERUNG (CHINA)
9–25 Gramm

KOMBINATIONEN
Zusammen mit Kräutern wie Ren Shen und Dang Gui bei chronischer Schwäche; mit Gou Qi Zi und Bu Gu Zhi bei Symptomen frühzeitigen Alterns mit schwacher Leber- und Nierenenergie; mit Nu Zhen Zi und Huai Niu Xi bei mangelndem Leberblut; mit Xuan Shen und Lian Qiao bei Schwellungen und Abszessen.

POLYGONUM MULTIFLORUM

Warnhinweis

Meiden bei Durchfall in Verbindung mit Schleim oder Milzmangel.

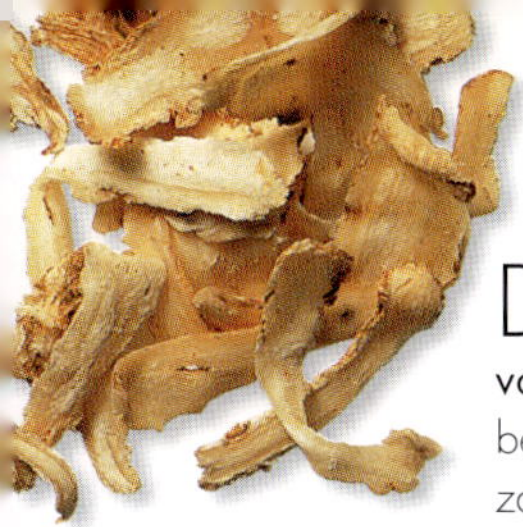

DANG GUI Angelica polymorpha var. sinensis

Dang Gui – im Westen eines der beliebtesten chinesischen Stärkungskräuter – ist in zahlreichen frei verkäuflichen Arzneien für gynäkologische Beschwerden enthalten. Shen Nong empfiehlt es für Malaria, Husten und Unfruchtbarkeit der Frau. Die untere Wurzelspitze hat angeblich die stärkste durchblutungsfördernde Wirkung, während der oberste Teil („Kopf") ein intensiveres Tonikum verkörpert.

Kurzporträt

Botanischer Name
Angelica polymorpha var. sinensis

Umgangssprachlicher Name
Chinesische Engelwurz

Familie
Umbelliferae/Apiaceae

Verwendete Teile
Wurzel

Geschmack
Süß, scharf

Charakter
Warm

Meridiane
Leber, Herz, Milz

Wirkungsweise
Antibakteriell, schmerzstillend, entzündungshemmend, kreislauffördernd, senkt den Cholesterinspiegel, stärkt die Leber, beruhigend, reich an Folsäure und Vitamin B12

Traditionelle Verwendung
- das Blut nähren und die Durchblutung anregen
- den Darm befeuchten und den Stuhl bewegen (abführen)

Typische Dosierung (China)
3–12 Gramm

Kombinationen
Zusammen mit Huang Qi und Sheng Jiang für Lammeintopf zur Linderung nachgeburtlicher Schmerzen; mit Huo Ma Ren als Abführmittel für Senioren; mit Bai Shao Yao, Chuan Xiong und Shu Di Huang bei Menstruationsproblemen mit Blutmangel oder -stockung.

ANGELICA POLYMORPHA VAR. SINENSIS

Warnhinweis

In der Schwangerschaft, bei Durchfall oder Völlegefühl meiden.

Die Leber

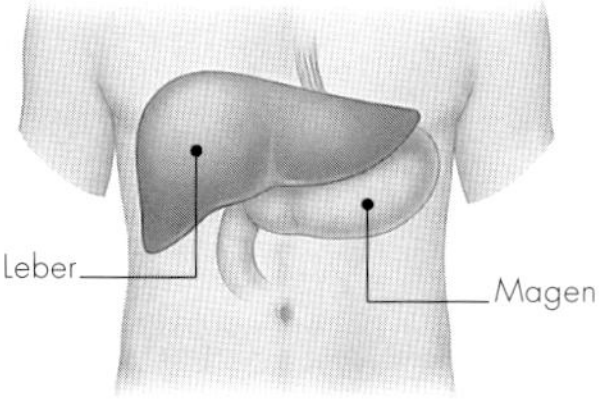

Vielfältige Aufgaben
In der TCM werden der Leber ungewöhnlich erscheinende Aufgaben zugewiesen wie beispielsweise die Kontrolle der Sehnen.

Die Leber hat in der TCM vor allem die Funktion, Blut zu speichern und den Fluss des Qi zu regulieren. Als Speicherorgan lässt die Leber je nach Bedarf Blut in den Körper strömen. Dies erklärt auch, warum man in China die Leber mit dem Menstruationszyklus verknüpft und gynäkologische Beschwerden oftmals mit Arzneien behandelt, die der Stärkung der Leber dienen.

Die Leber bestimmt außerdem, wie das Qi (Lebensenergie) durch den Körper zirkuliert. Ideal ist ein konstant fließendes Qi.

Eine Behandlung mit Akupunkturnadeln zur Stimulation der Energiemeridiane verfolgt die Absicht, das Qi zu bewegen und Stockungen aufzuheben.

Die Leber gilt aber auch als Hort der Seele. In der TCM sind Geist und Seele eine komplexe Vorstellung, die mentale Aktivität, Bewusstsein, Entschlusskraft, tierische Energie und das in der Leber gespeicherte Hun (einen eher ätherischen Aspekt der Seele) umfasst.

Schwache Knie

Da man außerdem annimmt, dass die Sehnen von der Leber kontrolliert werden, gelten Gelenkschmerzen, die durch Sehnenprobleme bedingt sind, als Leberschwäche. Dies zeigt sich häufig in den Knien: schmerzende Knie am Morgen nach zu viel Alkohol und Essen am Vorabend sind ein sicheres Zeichen für eine Überbeanspruchung der Leber.

Weitere Verknüpfungen

Wie es heißt, kann die Leber „in den Nägeln erblickt" werden und ist „mit den Augen verbunden". Auch dies sind

wertvolle Hinweise auf den Zustand der Leber. In der westlichen Medizin können blasse Fingernägel auf Anämie hindeuten – auf einen Blutmangel, den man in China mit der Leber assoziiert (rosafarbene Nägel bedeuten gutes Leber-Qi). Sehschwäche gilt als Resultat von mangelndem Leberblut, während man Reizungen wie etwa Bindehautentzündung als Beeinträchtigung der Leber durch Hitze oder Wind ansieht.

Gung-ho

Die Leber wird außerdem mit lautstarken Wutausbrüchen assoziiert: der rotgesichtige, leicht aufbrausende Brummbär ist eine typische Manifestation von übermäßigem Leber-Feuer. Im Englischen bezeichnet der Begriff „gung-ho" Übereifer oder eine hurrapatriotische militärische Aggression.

Weitere Informationen

Huai Niu Xi, Seite 111; **Menstruationsprobleme,** Seite 112–113; **Seele,** siehe Seite 212–213.

GOU QI ZI

Lycium chinense In der chinesischen Medizin finden die Früchte wie auch die Wurzelrinde (Di Gu Pi) des Bocksdorns Verwendung. Letztere zählt Shen Nong zu den „überlegenen Gehölzen". Heute jedoch sind eher die Früchte gebräuchlich. Als Zutat zu einem Reisbrei verkörpern die Beeren ein Hausmittel bei mangelndem Nieren-Qi; typische Zeichen hierfür sind Impotenz, Lendenschmerzen, Benommenheit und Tinnitus.

Kurzporträt

Botanischer Name
Lycium chinense/L. barbarum

Umgangssprachlicher Name
Bocksdorn

Familie
Solanaceae

Verwendete Teile
Früchte

Geschmack
Süß

Charakter
Neutral

Meridiane
Leber, Nieren

Wirkungsweise
Senkt Blutdruck und Blutzuckerspiegel, immunstimulierend, stärkt und regeneriert die Leber, senkt den Cholesterinspiegel

Traditionelle Verwendung
- Leber- und Nieren-Yin nähren
- das Blut nähren
- die Augen aufhellen

Typische Dosierung (China)
6–15 Gramm

Kombinationen
Zusammen mit Wu Wei Zi als Tonikum bei allgemeiner Schwäche; mit Ju Hua bei Lebermangel und Sehschwäche oder Ermüdung der Augen; mit Dang Gui und Shu Di Huang bei Verdauungsstörungen mit gehemmtem Leber-Qi.

LYCIUM CHINENSE

Warnhinweis

Nicht verwenden bei übermäßiger Hitze und Milzmangel mit Feuchte.

LONG YAN ROU Dimocarpus longan

longan Die rosinenartigen, getrockneten Früchte des Longanbaums sind eine schmackhafte Zutat von Kuchen und Reispuddings. In China wird das „Fleisch des Drachenauges" (so die wörtliche Übersetzung) seit über 2000 Jahren verwendet, um Symptomen des Alterns zu begegnen, außerdem wird es als Stärkungsmittel nach der Entbindung sowie bei Schlaflosigkeit, Ermüdung und Benommenheit eingesetzt.

Kurzporträt

BOTANISCHER NAME
Dimocarpus longan

UMGANGSSPRACHLICHER NAME
Longanbaum, Drachenauge

FAMILIE
Sapindaceae

VERWENDETE TEILE
Früchte

GESCHMACK
Süß

CHARAKTER
Warm

MERIDIANE
Herz, Milz

WIRKUNGSWEISE
Nahrhaft, beruhigend, antimykotisch

TRADITIONELLE VERWENDUNG
- Herz und Milz stärken, den Geist beruhigen
- das Blut nähren

TYPISCHE DOSIERUNG (CHINA)
6–12 Gramm

KOMBINATIONEN
Zusammen mit Suan Zao Ren bei Herzklopfen und Schlaflosigkeit durch mangelndes Herzblut; mit Ren Shen, Huang Qi, Dang Gui, Bai Zhu und anderen Kräutern als Gui Pi Tang zum Auffüllen von Qi und Blut und zur Stärkung des Herzens; in verschiedenen Kombinationen zur Behandlung von Schlaflosigkeit, Gedächtnisschwäche, Benommenheit und Ermüdung.

DIMOCARPUS LONGAN

Warnhinweis

Bei Feuer und stockendem feuchtem Schleim meiden.

Hitze ableiten

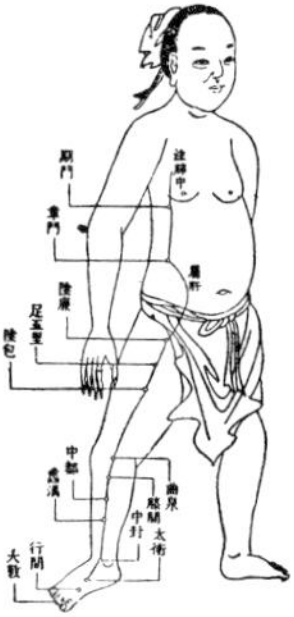

Meridiane

Hitze kann die von der Akupunktur her bekannten Leitbahnen beeinträchtigen – mit Symptomen wie Durst, Gelbsucht, Nasenbluten oder Hautausschlag.

Die sechs „Übel" oder äußerlichen Krankmacher – Wind, Hitze, Kälte, Trockenheit, Feuchte und Feuer – befallen zunächst das Körperäußere und erzeugen oberflächliche Symptome; unbehandelt können sie jedoch auch nach innen vordringen.

Innere Hitzeprobleme umfassen diverse Symptome, die wir eher mit Infektionen in Verbindung bringen. Ruhr, Durchfall und Gelbsucht beispielsweise können mit innerer Hitze und Feuchte assoziiert sein, während juckender Hautausschlag oft auf ins Blut gelangte Hitze zurückgeführt wird. So kann ins Blut eindringende toxische Hitze – etwa bei Blutvergiftung, akuten Lebererkrankungen sowie schweren Furunkeln und Karbunkeln – durch Nasenbluten, Blut im Urin und Blutspucken oder blutiges Erbrechen gekennzeichnet sein.

Einzelne Leitbahnen, die inneren Organe und die Lebensenergie können ebenfalls durch Hitze beeinträchtigt werden.

Hitzeeinfluss auf den Lebermeridian kann durch Augenentzündungen, Bluthochdruck und Verdauungsstörungen gekennzeichnet sein. Als Krankheiten kämen in Frage: akute Bindehautentzündung, Hepatitis, Gallenblasenentzündung, Prostatitis und akute Beckenraumentzündungen.

Kalte, bittere Kräuter

Eine derartige innere Hitze wird stets mit kalten, oftmals auch bitter schmeckenden Kräutern behandelt.

Ein typisches Beispiel ist Huang Lian, eine überaus bittere Arznei, die jedoch in der Lage ist, Hitze aus Herz, Leber, Magen und Dickdarm abzuleiten.

Viele dieser Kräuter haben nachweislich eine stark antibakterielle Wirkung: Lian Qiao etwa ist ein sehr effizientes Breitbandmittel gegen Mikroben; es hemmt das Wachstum von Bakterien wie *Staphylococcus aureus*, *Shigella dysenteriae* (Erreger der Bakterienruhr), Streptokokken (oft verantwortlich für Lungenentzündung), *Salmonella typhi* und *Mycobacterium tuberculosis*.

Gegen innere Hitze werden ebenfalls verwendet: Zhi Mu (*Anemarrhena aspheloides*), Zhi Zi, Dan Zhu Ye (*Loptatherum gracile*), Xia Ku Cao, Lu Gen (*Phragmites communis*), Lian Zi und Mi Meng Hua.

Weitere Informationen

Huang Lian, siehe Seite 138; **Lian Qiao,** Seite 143; **Lian Zi,** Seite 126; **Mi Meng Hua,** Seite 127; **Xia Ku Cao,** Seite 123; **Zhi Zi,** Seite 122.

ZHI ZI

Gardenia jasminoides Die Früchte der Gardenie sind eine wichtige Arznei zum Ersticken von Feuer bei hohem Fieber, entzündeten Augen oder akuter Hepatitis. Shen Nong empfiehlt sie für die Behandlung von „üblem Qi in den fünf inneren Organen" und der „Trinkernase". Die rohen Früchte werden bei Hitze und Feuchte verwendet, angeröstet jedoch bei Hitze im Blut und verkohlt zur Verbesserung ihrer blutstillenden Wirkung.

Kurzporträt

BOTANISCHER NAME
Gardenia jasminoides

UMGANGSSPRACHLICHER NAME
Gardenie

FAMILIE
Rubiaceae

VERWENDETE TEILE
Früchte

GESCHMACK
Bitter

CHARAKTER
Kalt

MERIDIANE
Herz, Lunge, Leber, Gallenblase, Magen, San Jiao

WIRKUNGSWEISE
Antibakteriell, antimykotisch, bekämpft Parasiten, galletreibend, blutdrucksenkend, abführend, beruhigend

TRADITIONELLE VERWENDUNG
- Hitze ableiten und Reizbarkeit lindern
- feuchte Hitze beseitigen
- Hitze und Feuergifte aus dem Blut ableiten

TYPISCHE DOSIERUNG (CHINA)
3–10 Gramm

KOMBINATIONEN
Zusammen mit Mu Dan Pi bei Problemen wie Regel- und Kopfschmerzen mit Hitze durch mangelndes Leberblut; mit Sheng Di Huang und anderen Kräutern bei Blutungen durch Hitze (z. B. Nasenbluten); mit Talkum (Hua Shi) bei feuchter Hitze in der Blase mit Erkrankungen wie Blasenentzündung.

GARDENIA JASMINOIDES

Warnhinweis

Bei Durchfall meiden.

XIA KU CAO

Prunella vulgaris Die Braunelle wurde in der europäischen Volksheilkunde als Wundarznei verwendet. Shen Nong empfiehlt das „Sommertrockenkraut" (so die Übersetzung des chinesischen Namens) als Mittel gegen Hitzeprobleme wie geschwollene Füße. Die Leber kühlend kann die Braunelle ein effizientes Mittel zur Beruhigung hyperaktiver Kinder darstellen, die an Syndromen des Leber-Feuers leiden.

Kurzporträt

BOTANISCHER NAME
Prunella vulgaris

UMGANGSSPRACHLICHER NAME
Gemeine Braunelle

FAMILIE
Labiatae/Lamiaceae

VERWENDETE TEILE
Ähren

GESCHMACK
Bitter, scharf

CHARAKTER
Kühl

MERIDIANE
Lunge, Gallenblase

WIRKUNGSWEISE
Antibakteriell, blutdrucksenkend, harntreibend, zusammenziehend, fördert die Wundheilung

TRADITIONELLE VERWENDUNG
- Hitze aus der Leber ableiten
- Knötchen auflösen

TYPISCHE DOSIERUNG (CHINA)
6–10 Gramm

KOMBINATIONEN
Zusammen mit Ju Hua bei Kopfschmerzen und Benommenheit mit aufsteigendem Leber-Feuer; mit Xiang Fu bei Augenschmerzen; mit Dang Gui und Bai Shao Yao bei Augenschmerzen mit mangelndem Leber-Qi; mit Chai Hu (*Bupleurum falcatum*) bei gehemmtem Leber-Qi mit charakteristischer Schwellung der Lymphknoten.

PRUNELLA VULGARIS

Warnhinweis

Bei Milz- oder Magenschwäche meiden.

Organische Syndrome

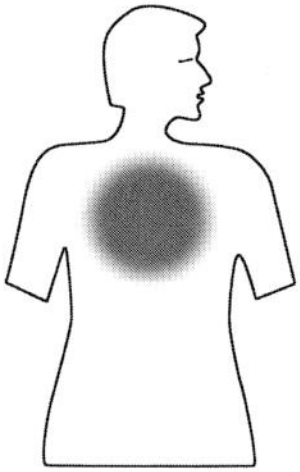

Vom Qi zum Xue
Die nach innen vordringende Hitze kann Organe wie Lunge oder Milz auf der Ebene des Qi befallen, bevor sie auch das Blut (Xue) beeinträchtigt.

Äußere oder oberflächliche Leiden sind meist nicht weiter schlimm, ganz im Gegensatz zu Krankheiten, die mit bestimmten Organproblemen verknüpft sind.

Zunächst einmal können äußere Krankheitserreger, meist wegen unangemessener Behandlung, ins Körperinnere gelangen. Doch die chinesische Medizin hat noch zwei weitere Erklärungen für das Entstehen innerer Syndrome: Die inneren Organe werden entweder direkt von äußeren Krankheitserregern befallen (wie bei der „inneren Kälte" durch zu viel kalte oder rohe Speisen) oder die Organfunktion wird durch emotionale Störungen beeinträchtigt. Jedes der überaus zahlreichen inneren Syndrome umfasst eine Reihe von Symptomen, die sich oft nur schwer mit einem westlichen Krankheitsetikett gleichsetzen lassen.

Muster der vier Phasen

Im Jahr 1798 führte der chinesische Arzt Ye Tian-shi die Theorie des Wei, Qi, Ying und Xue in die TCM ein. Sie dient der Identifizierung von Symptomkomplexen; diese werden durch äußere Hitze-Übel verursacht, die verschiedene Teile des Systems durchlaufen, beginnend mit der oberflächlichen Abwehrenergie oder Wei Qi.

Am Anfang des so genannten „Musters der vier Phasen" steht eine Hitzeattacke, die von der oberflächlichen Wei-Phase auf die einzelne Organe betreffende Qi-Ebene übergeht, gefolgt von einer Attacke auf das Ying oder das nährende Qi und endend mit einem Angriff auf das Blut (Xue) selbst.

Innere Hitzesyndrome

Während die von außen eindringende Hitze die genannten vier Phasen durchläuft, entstehen verschiedene Gruppen von Symptomen und Disharmonien. In der Qi-Phase wird die Hitze vielleicht die Lunge befallen (Husten, Atemprobleme) oder sie staut sich im Darm auf (Verstopfung, Blähungen). Diese unterschiedlichen Organsyndrome sind stets mit Fieber, Durst, Nervosität oder Rastlosigkeit verbunden.

In der Ying-Phase kann Hitze die Körperflüssigkeiten beeinträchtigen (Mundtrockenheit, nächtliches Fieber, Schlaflosigkeit, leichter Hautausschlag), während in der Xue-Phase Nasenbluten, Blut im Stuhl, Bluthusten oder -erbrechen und juckender Hautausschlag auftreten können.

Weitere Informationen

Wei Qi, siehe Seite 84; **Xue,** Seite 96–97; **Ying Qi,** Seite 88.

LIAN **Nelumbo nucifera**

In Asien als eine der heiligsten Pflanzen verehrt, wird der Lotus in Indien mit dem Erwachen des spirituellen Bewusstseins assoziiert und daher häufig als Opfergabe verwendet. In China benutzt man fast alle Teile der schon den alten Ägyptern bekannten Heilpflanze für so unterschiedliche Leiden wie Schlaflosigkeit, Fieber, Ruhr und Herzklopfen.

Kurzporträt

Botanischer Name
Nelumbo nucifera

Umgangssprachlicher Name
Lotus

Familie Nymphaeaceae

Verwendete Teile
Samen (Lian Zi); Blütenfäden (Lian Xu); Blütenstände (Lian Fang); Samenkeimlinge (Lian Zi Xin); Wurzelstockknoten (Ou Jie); Blätter (He Je)

Geschmack
Süß, zusammenziehend; Blütenstände: bitter, zusammenziehend; Blätter: bitter

Charakter
Kühlend oder neutral

Meridiane Herz, Milz, Nieren

Wirkungsweise
Aphrodisisch, zusammenziehend, blutstillend, tonisierend, nervenstärkend

Traditionelle Verwendung
Lian Zi: • die Milz stärken, Durchfall beenden, die Nierenenergie stärken/beruhigen
Ou Jie: • Blutstockungen ableiten, Blutungen stillen
• Hitze aus dem Blut ableiten
Lian Zi Xin: • Herz-Feuer ersticken

Typische Dosierung (China)
Ou Jie: 9–30 Gramm; Lian Zi: 9–18 Gramm; Lian Zi Xin: 2–6 Gramm

Kombinationen
Lian Zi: zusammen mit Huang Lian und Dang Shen bei chronischer Dysenterie, Schlaflosigkeit und Herzklopfen mit Herz-/Nierenfehlfunktion; Lian Zi Xin: mit Xuan Shen und Mai Men Dong bei Fieber; Ou Jie: mit Sheng Di Huang, Chuan Bei Mu und E Jiao bei Hitze in den Lungen und Bluthusten.

NELUMBO NUCIFERA

Warnhinweis

Bei Verstopfung meiden.

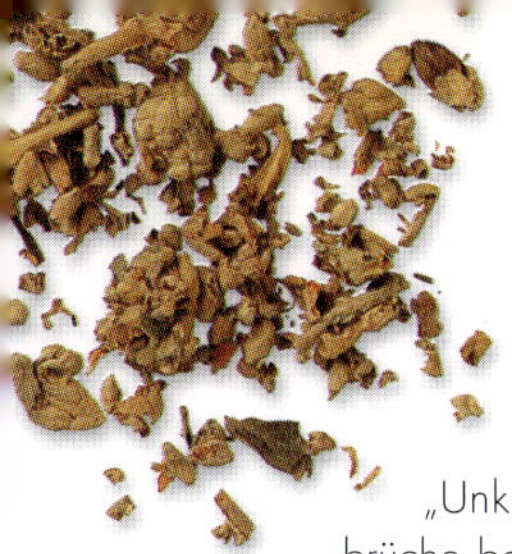

MI MENG HUA **Buddleia officinalis**

Im 19. Jahrhundert in Europa eingeführt, ist der Sommerflieder inzwischen ein „Unkraut", das fast überall Bahndämme und Steinbrüche besiedelt hat. Die seit der Song-Dynastie (10. Jahrhundert) verwendete Pflanze wirkt auf den Lebermeridian und wird meist bei Augenleiden eingesetzt.

Kurzporträt

BOTANISCHER NAME
Buddleia officinalis

UMGANGSSPRACHLICHER NAME
Sommerflieder

FAMILIE
Loganiaceae/Buddleiaceae

VERWENDETE TEILE
Blüten

GESCHMACK
Süß

CHARAKTER
Kühl

MERIDIANE
Leber

WIRKUNGSWEISE
Krampflösend, leicht harntreibend

TRADITIONELLE VERWENDUNG
- Leber-Hitze ableiten
- Augenleiden behandeln

TYPISCHE DOSIERUNG (CHINA)
3–9 Gramm

KOMBINATIONEN
Zusammen mit Gou Qi Zi (Bocksdornfrüchte) und anderen Kräutern bei Sehstörungen, Sehschwäche und grauem Star in Verbindung mit mangelnder Leber- und Nierenenergie.

BUDDLEIA OFFICINALIS

Warnhinweis

Keine Gegenanzeigen bekannt.

Ekzeme

Schulmedizin
Unsere westliche Schulmedizin behandelt Ekzeme mit diversen Cremes, Salben und Pillen.

Hierzulande wird ein Schulmediziner für die meisten Hautleiden gewöhnlich eine entzündungshemmende Salbe verordnen. In der westlichen Kräuterheilkunde würde man jedoch zu einem Rezept greifen, das auch Kräuter enthält, die Kreislauf und Leber anregen, um die für das Problem mitverantwortlichen Giftstoffe abzuleiten. Auch die TCM betrachtet das Ekzem als Teil einer übergreifenden Disharmonie, weshalb sich die Wahl der Arznei an der eigentlichen Krankheitsursache orientieren muss.

Ins Blut eindringende Hitze ist eine häufige Ursache, doch ein Ekzem kann auch durch einen Angriff oberflächlicher Kälte-Wind-Feuchte und Hitze-Feuchte entstehen – oder in Verbindung mit Lungenproblemen, da Lunge und Haut im Modell der fünf Wandlungsphasen eng miteinander verknüpft sind. Frei verkäufliche chinesische Standardarzneien sind oft unwirksam, da sie nicht auf die eigentliche Ursache abzielen.

Im Rahmen einer in den 1990er-Jahren an einem Londoner Kinderkrankenhaus durchgeführten Ekzemstudie unternahm man den Versuch, jene – meist chronischen, trockenen, geröteten und juckenden – Ekzeme zu behandeln, die durch äußere, ins Blut eindringende Hitze verursacht werden. Verordnet wurden:

- **Chi Shao Yao** – kühlend, um Hitze aus dem Blut zu entfernen;
- **Mu Dan Pi** – kühlt das Blut und verbessert die Durchblutung;
- **Sheng Di Huang** – kühlend, um Hitze abzuleiten und Blut und Yin zu nähren;
- **Dan Zhu Ye** (*Loptatherum gracile*) – leitet Hitze ab, mindert den Juckreiz;

- **Fang Feng** (*Ledebouriella seseloides*) – leicht wärmend, zum Ableiten von oberflächlichem Wind (Wind-Kälte und Wind-Hitze) und Feuchte; auch verwendet bei juckenden Hautleiden mit Wind-Feuchte-Problemen;
- **Bai Xian Pi** (*Dictamnus dasycarpus*, Diptamwurzelrinde) – beseitigt Hitze, Feuer-Gifte und Wind-Feuchte;
- **Mu Tong** (*Akebia trifoliata*) – kalt, bitter und entzündungshemmend;
- **Zi Hua Di Ding** (*Viola yedoensis*) – entzündungshemmend, beseitigt Hitze und Gifte;
- **Ci Ji Li** (*Tribulis terrestris*) – belebt das Leber-Yang.

Nach vierwöchiger Behandlung besserte sich der Zustand bei mehr als der Hälfte der Probanden – wobei allerdings zehn Prozent der Kinder vorzeitig ausschieden, da sie den Geschmack des chinesischen Gebräus nicht ertrugen.

Weitere Informationen

Chi Shao Yao, siehe Seite 110; **Mu Dan Pi**, Seite 134; **Sheng Di Huang**, Seite 130.

DI HUANG Rehmannia glutinosa

Di Huang wird roh (Sheng Di Huang) verwendet, in Wein angedünstet (Shu Di Huang) oder auch ohne Wein gegart (Gan Di Huang). Sheng Di Huang ist kalt und dient dazu, Hitze abzuleiten. Shu Di Huang verkörpert ein wichtiges, bei Menstruationsproblemen verwendetes Blut-Tonikum. Shen Nong empfiehlt die regelmäßige Einnahme, um der Senilität vorzubeugen.

Kurzporträt

BOTANISCHER NAME
Rehmannia glutinosa

UMGANGSSPRACHLICHER NAME
Süße Braunwurz

FAMILIE
Scrophulariaceae

VERWENDETE TEILE
Wurzelknolle

GESCHMACK
Süß, Sheng Di Huang auch bitter

CHARAKTER
Shu Di Huang: leicht warm
Sheng Di Huang: kalt

MERIDIANE
Herz, Leber, Nieren

WIRKUNGSWEISE
Verbessert die Herzfunktion, harntreibend, mildes Abführmittel, senkt den Blutzuckerspiegel

TRADITIONELLE VERWENDUNG
Shu Di Huang:
- das Blut nähren und die Regelblutung ordnen
- das Nieren-Yin auffüllen

Sheng Di Huang:
- Hitze ableiten
- das Yin nähren und die Körpersäfte fördern

TYPISCHE DOSIERUNG (CHINA)
9–30 Gramm

KOMBINATIONEN
Sheng Di Huang: zusammen mit Xuan Shen bei Feuer-Syndromen und Fieber; mit Bai Shao Yao bei Hitze-Syndromen mit Blutmangel; Shu Di Huang: mit Shan Zhu Yu und Shan Yao bei Benommenheit und Rückenschmerzen mit Leber- und Nierenmangel; mit Suan Zao Ren bei Schlaflosigkeit und Herzklopfen.

REHMANNIA GLUTINOSA

Warnhinweis

Bei Durchfall, Appetitlosigkeit oder Verdauungsschwäche meiden.

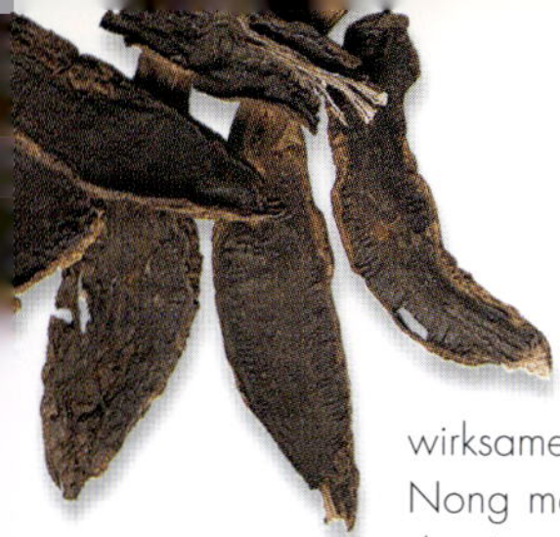

XUAN SHEN Scrophularia ningpoensis

Xuan Shen ist eine überaus wirksame Pflanze zum Ableiten von Feuer-Giften. Shen Nong merkt an, dass sie das Nieren-Qi stärken und die Augen aufhellen kann. Außerdem empfiehlt er Xuan Shen („dunkle Wurzel") bei Problemen wie Brustdrüsenentzündung der Stillenden.

Kurzporträt

Botanischer Name
Scrophularia ningpoensis

Umgangssprachlicher Name
Ningpo-Braunwurzel

Familie
Scorphulariaceae

Verwendete Teile
Wurzel

Geschmack
Bitter, salzig

Charakter
Kalt

Meridiane
Lunge, Magen, Nieren

Wirkungsweise
Antibakteriell, antiviral, verbessert die Herzfunktion, senkt Blutdruck und Blutzuckerspiegel

Traditionelle Verwendung
- Yin und Jing nähren
- Hitze und Feuer-Gifte ableiten
- harte Schwellungen und Knötchen auflösen

Typische Dosierung (China)
9–30 Gramm

Kombinationen
Zusammen mit Mu Dan Pi bei Hautausschlag; mit Niu Bang Zi bei akuten Halsschmerzen in Verbindung mit Wind-Hitze; mit Lian Qiao bei tiefen Zahnabszessen; mit Xia Ku Cao und Zhe Bei Mu bei Schwellungen, Halsleiden und Kropf (häufig in Verbindung mit Schleimbildung).

SCROPHULARIA NINGPOENSIS

Warnhinweis

Bei länger andauerndem Durchfall meiden.

Die sieben Emotionen

Freude
In der chinesischen Vorstellung besitzt Freude einen Aspekt der Manie oder Übererregung.

Die „sieben Emotionen" können ebenfalls eine Ursache für innere Erkrankungen darstellen. Überschießende oder dauerhafte Emotionen führen zu einem Ungleichgewicht. Die Folge davon sind Krankheiten.

Freude

Diese Emotion ist mit dem Herzen verknüpft. Wir empfinden sie als heiter und können uns kaum vorstellen, dass sie etwa Schädliches beinhaltet. Doch Freude kann auch manisches oder unangemessenes Verhalten bedeuten, das Herz und Lunge im oberen Jiao (siehe Seite 180–181) schädigt. Übermäßige Freude beeinträchtigt das Herz-Qi und kann zu Konzentrationsstörungen führen.

Angst/Schreck

Panik oder plötzliche Angst vor einem dramatischen Ereignis sind ebenfalls mit dem Herzen verknüpft, was wir anhand von „Panikattacken" mit Herzklopfen, Rastlosigkeit und kaltem Schweiß leicht nachvollziehen können. In der TCM heißt es von der Angst, dass sie das Herz-Qi ohne Halt umherirren lässt.

Sorge

Diese Emotion ist mit der Milz verbunden. Zu langes Grübeln oder zu intensive Konzentration kann zu stockendem Milz-Qi führen – mit Depression, Beklommenheit, Appetitmangel, Gliederschwäche, aufgetriebenem Bauch und unregelmäßiger Menstruation.

Traurigkeit und Kummer

Von einem Übermaß an Traurigkeit heißt es, dass es „das Lungen-Qi aufzehrt";

Atemprobleme sind die Folge. In der Tat wirkt sich Traurigkeit auf die Lunge aus: Bronchitis und asthmatische Probleme sind in Trauerfällen anscheinend häufig auftretende Erscheinungen.

Auch extremer Kummer und Schock sind mit der Lunge verbunden: Da die Lunge für den gesamten Qi-Kreislauf zuständig ist, kann sich ein schwerer Schock auf den ganzen Körper auswirken.

Furcht

Ein Übermaß an Furcht kehrt den sonst nach oben gerichteten Fluss des Nieren-Qi um. Dies hat Teilnahmslosigkeit, Lendenschmerzen, Harnwegsprobleme und den Wunsch nach Abgeschiedenheit zur Folge.

Wut

Zu viel Wut führt zu einem Anstieg des Leber-Qi, gefolgt von Kopfschmerzen, Gesichtsrötung, Benommenheit und roten Augen.

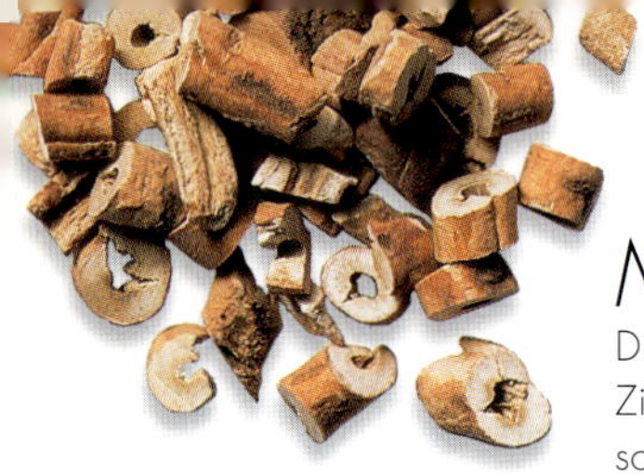

MU DAN PI Paeonia suffruticosa

Die Strauchpäonie – auch sie ist eine beliebte Zierpflanze – wird in der Traditionellen Chinesischen Medizin als bedeutendes Mittel zur Kühlung des Blutes eingesetzt. Um Hitze im Blut zu behandeln, bevorzugt man die rohe Wurzel; bei stockendem Blut wird diese jedoch angebraten, während man zur Blutstillung die geröstete, verkohlte Wurzel verwendet.

Kurzporträt

BOTANISCHER NAME
Paeonia suffruticosa

UMGANGSSPRACHLICHER NAME
Strauchpäonie

FAMILIE
Paeoniaceae

VERWENDETE TEILE
Wurzelrinde

GESCHMACK
Bitter, scharf

CHARAKTER
Leicht kalt

MERIDIANE
Herz, Leber, Nieren

WIRKUNGSWEISE
Antibakteriell, antiallergisch, entzündungshemmend, schmerzstillend, blutdrucksenkend, beruhigend

TRADITIONELLE VERWENDUNG
- Hitze ableiten, das Blut kühlen
- das Blut kräftigen und Blutstockungen beseitigen
- aufsteigendes Leber-Feuer ableiten

TYPISCHE DOSIERUNG (CHINA)
6–12 Gramm

KOMBINATIONEN
Zusammen mit Chi Shao Yao bei Hautausschlag, blutigem Auswurf oder Erbrechen mit Hitze im Blut; mit Sheng Di Huang und anderen Kräutern bei mit Hitze verbundenem Fieber; mit Gui Zhi bei Brustschmerzen mit Blutstockungssyndromen; mit Ju Hua für aufsteigendes Leber-Feuer; mit Jin Yin Hua und Lian Qiao bei Furunkeln, Karbunkeln und ähnlichen, mit Feuer-Giften assoziierten Entzündungen.

PAEONIA SUFFRUTICOSA

Warnhinweis

In der Schwangerschaft und bei Durchfall meiden.

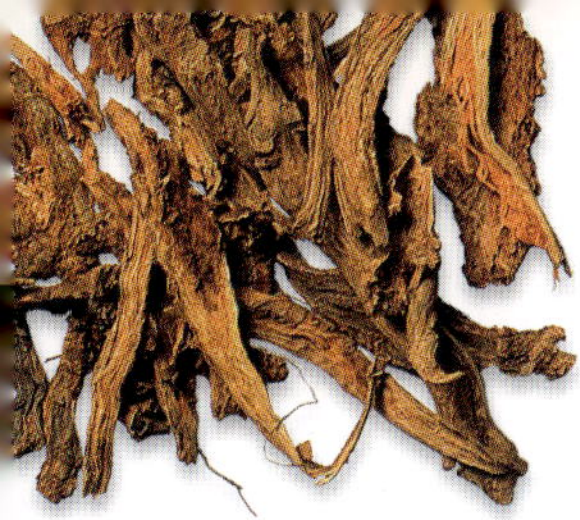

HUANG QIN **Scutellaria baicalensis**

Während die westlichen Sorten des Helmkrauts als nervenstärkend oder beruhigend eingestuft werden, dient das Baikal-Helmkraut vornehmlich zum Ableiten äußerer wie innerer Feuchte-Hitze. Shen Nong empfiehlt die Pflanze als Mittel gegen Durchfall, Ruhr und Gelbsucht.

Kurzporträt

Botanischer Name
Scutellaria baicalensis

Umgangssprachlicher Name
Baikal-Helmkraut

Familie
Labiatae/Lamiaceae

Verwendete Teile
Wurzel

Geschmack
Bitter

Charakter
Kalt

Meridiane
Lunge, Herz, Magen, Gallenblase, Dickdarm

Wirkungsweise
Antibakteriell, krampflösend, harntreibend, fiebersenkend, reduziert den Cholesterinspiegel

Traditionelle Verwendung
- Hitze ableiten, Feuer ersticken
- feuchte Hitze ableiten
- das Ungeborene beruhigen (bei drohender Fehlgeburt)
- Hitze in der Lunge beseitigen, das Leber-Yang beruhigen

Typische Dosierung (China)
3–9 Gramm

Kombinationen
Zusammen mit anderen kühlenden Kräutern wie Huang Lian bei fiebrigen Erkältungen mit zähem, gelben Auswurf, Durst und Reizbarkeit; mit Bai Shao Yao, Zhi Zi, Huang Bai, Mu Dan Pi oder Da Huang bei Feuchte-Hitze-Problemen mit Ruhr, Nasenbluten oder Bluterbrechen; mit Xia Ku Cao bei Benommenheit und Kopfschmerzen mit Leber-Feuer-Problemen.

SCUTELLARIA BAICALENSIS

Warnhinweis

Bei Fehlen von Hitze- und Feuchtesymptomen nicht verwenden.

Innere Feuchte-Hitze

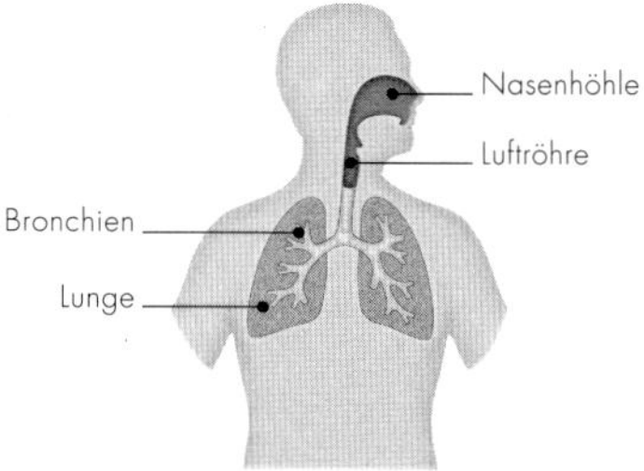

Wind-Hitze

Die Invasion der Lunge durch Wind-Hitze ist in einzelnen Fällen mit einer akuten Bronchitis vergleichbar.

Äußere Krankheitserreger treten oft kombiniert auf und verursachen oberflächliche Syndrome – so auch, wenn sie nach innen vordringen. Die Behandlung besteht aus einer Kombination von Kräutern zur Bekämpfung der jeweiligen „Übel" mit solchen Arzneien, die richtungsspezifisch wirken.

Wind-Hitze in der Lunge

Wind-Hitze, die in die Lunge vordringt, ist durch die gleichen Symptome gekennzeichnet wie äußerliche Wind-Hitze: Fieber, Hautausschlag, Mundtrockenheit und Durst, jedoch außerdem durch Husten und zähen, gelblichen Auswurf (im Westen würde man von einer akuten Bronchitis sprechen). Eine typische chinesische Kräuterarznei wäre in diesen Fällen das Sang Ju Yin (eine Abkochung aus Maulbeerblättern und Chrysanthemen); Hauptzutaten sind:

- **Sang Ye** – Maulbeerblätter, zum Ableiten von Wind-Hitze;
- **Ju Hua** – zum Ableiten von Wind-Hitze;
- **Xing Ren** – gegen Husten und Asthma;
- **Jie Geng** – unterstützt den Abtransport von Schleim und beruhigt die Lunge;
- **Bo He** – ebenfalls gegen Wind-Hitze;
- **Lian Qiao** – zum Ableiten von Hitze und Giftstoffen aus dem Blut;
- **Lu Gen** (*Phragmites* communis) – kühlend und daher fiebersenkend; sowie
- **Gan Cao** – zur Harmonisierung.

Bei starkem Auswurf könnte Zhe Bei Mu als Schleimlöser hinzukommen.

Sommerdurchfall

Was die westliche Medizin als akute Gastroenteritis bezeichnen würde, gilt in der TCM als Erkrankung, die durch Feuchte-Kälte oder Feuchte-Hitze verursacht wird. Kennzeichen der Feuchte-Kälte sind wässeriger Durchfall und Erbrechen – mit Bevorzugung heißer, lindernder Getränke. Feuchte-Hitze jedoch geht eher mit Durst, Fieber, Brennen im Unterleib und übel riechendem Stuhl einher. Der oft bei heißem Wetter auftretende und meist auf eine Lebensmittelvergiftung zurückgeführte Sommerdurchfall gilt als Feuchte-Hitze-Problem.

In solchen Fällen verwendet man kalte, bittere Kräuter, um die Krankheitserreger zu beseitigen, eventuell ergänzt durch aromatische Zutaten, um die Funktion von Milz und Magen zu normalisieren. Eine häufig verordnete Abkochung ist das Ge Gen Huang Qin Huang Lian Tang – eine Kombination aus Ge Gen, Huang Lian und Huang Qin, mit etwas Gan Cao zur Harmonisierung.

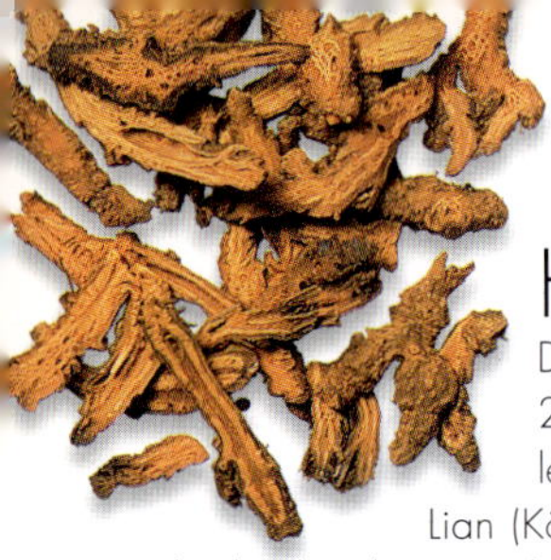

HUANG LIAN *Coptis chinensis*

Das bittere, kalte Huang Lian wird seit wenigstens 2000 Jahren verwendet, um Hitze und Feuchte abzuleiten. Shen Nong bezeichnet die Pflanze als Wang Lian (Königslilie), zählt sie zu den „überlegenen" Kräutern und schreibt, dass regelmäßige Einnahme auch das Gedächtnis verbessern würde. Huang Lian gehört zur wichtigen Gruppe der kühlenden „gelben" Kräuter, gemeinsam mit Huang Qin, Huang Bai und Da Huang.

Kurzporträt

Botanischer Name
Coptis chinensis

Umgangssprachlicher Name
Goldfaden

Familie
Ranunculaceae

Verwendete Teile
Wurzel und Wurzelstock

Geschmack
Bitter

Charakter
Kalt

Meridiane
Herz, Leber, Magen, Dickdarm

Wirkungsweise
Antibakteriell, blutdrucksenkend, stimuliert die Bildung von Acetylcholin, beruhigend, entzündungshemmend, antimykotisch, galletreibend

Traditionelle Verwendung
- Hitze, Feuer, Feuer-Gifte und feuchte Hitze ableiten
- das Herz-Feuer beruhigen
- Magen-Feuer ableiten

Typische Dosierung (China)
1–5 Gramm

Kombinationen
Zusammen mit Sheng Di Huang bei Hitzesyndromen mit Schlaflosigkeit, Durst und Delirium; mit Wu Zhu Yu und Bai Shao Yao bei Bauchschmerzen, Verdauungsstörungen, Ruhr oder Magenverstimmung; mit Rou Gui bei Schlaflosigkeit durch Disharmonie zwischen Herz und Nieren.

COPTIS CHINENSIS

Warnhinweis

Meiden bei Durchfall, Yin-Mangel (siehe Seite 68–69) oder kaltem Magenmangel. Längere Einnahme kann Milz und Magen schädigen.

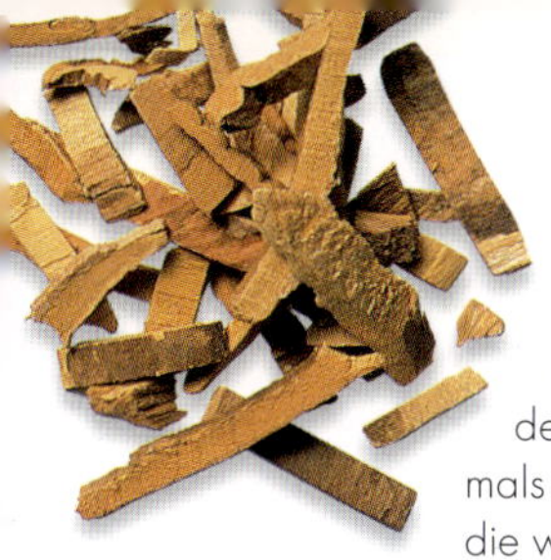

HUANG BAI **Phellodendron amurense**

Huang Bai wird 1578 in dem bedeutenden Kräuterbrevier von Li Shi Zhen erstmals erwähnt. Die Rinde der „gelben Tanne" (so die wörtliche Übersetzung) ist eine wichtige Arznei, um Hitze und Feuchte abzuleiten. Bisweilen vermengt man sie auch mit Salz, um das Yin zu nähren – oder mit Wein, um Hitze im oberen Jiao (verbunden mit blutunterlaufenen Augen und Tinnitus) abzuleiten.

Kurzporträt

BOTANISCHER NAME
Phellodendron amurense

UMGANGSSPRACHLICHER NAME
Gelbbaum, Korkbaum

FAMILIE
Rutaceae

VERWENDETE TEILE
Rinde

GESCHMACK
Bitter

CHARAKTER
Kalt

MERIDIANE
Nieren, Harnblase, Dickdarm

WIRKUNGSWEISE
Antibakteriell, senkt Blutdruck und Blutzuckerspiegel, galletreibend, harntreibend

TRADITIONELLE VERWENDUNG
- Hitze und Feuchte ableiten
- Feuer mildern, entgiften
- falsche Hitze in Verbindung mit Yin-Mangel reduzieren

TYPISCHE DOSIERUNG (CHINA)
3–10 Gramm

KOMBINATIONEN
Zusammen mit Chi Shao Yao bei Blutungen und Ruhr-artigen Problemen; mit Shan Yao (Yamswurzel, *Dioscorea opposita*) und Bai Guo bei Harnwegsleiden im Zusammenhang mit Feuchte-Hitze.

PHELLODENDRON AMURENSE

Warnhinweis

Nicht einnehmen bei Milzmangelsyndromen, Durchfall oder empfindlichem Magen.

Feuer-Gifte

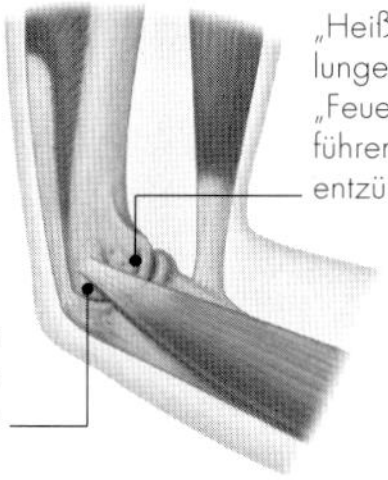

Entzündung
In der TCM können Furunkel, Abszesse und einige entzündliche Gelenkerkrankungen mit Feuer-Giften verknüpft sein.

Von zahlreichen chinesischen Heilkräutern heißt es recht geheimnisvoll, dass sie „Feuer-Gifte ableiten". Diese Beschreibung stammt noch aus jener Zeit, da die Mikrobiologie noch nicht existierte und man eitrige Wunden nicht auf Bakterien, sondern auf ein rätselhaftes Gift zurückführte.

In der TCM kann „Gift" (Du) viele Bedeutungen haben: So etwa kann der sichtbare Eiter aus Furunkeln und Karbunkeln gemeint sein, oder aber die mit einer Infektionskrankheit einhergehenden fiebrigen Symptome.

Ein heißes, entzündetes Gelenk, wie man es etwa bei manchen Arten der Arthritis vorfindet, könnte in der TCM als „heiße" (Re) Schwellung beschrieben werden; falls der Erkrankte jedoch zugleich fiebrig, lethargisch und deutlich leidend ist, würde man eher von einer Schwellung durch „heißes Gift" (Re Du) oder „Feuer-Gift" (Huo Du) sprechen. Sämtliche Abszesse fallen ebenfalls in diese Kategorie – vom Zahnabszess und Furunkel bis hin zu Problemen wie Mastitis und Appendizitis.

Die zur Behandlung von heißen Giften oder Feuer-Giften verwendeten Kräuter wirken oftmals entzündungshemmend, antibakteriell, antiviral oder antimykotisch. Auch wenn dies im Labor nicht immer nachgewiesen werden konnte, tut das dem nachweislichen Behandlungserfolg keinen Abbruch. In der Regel verwendet man kühlende oder kalte Kräuter diverser Geschmacksrichtungen. Je nach Lokalisierung und Art des Giftes werden spezielle Kräuter gewählt, um die entsprechenden Organe oder Meridiane gezielt anzusprechen.

Kräuter vs. Hitze und Feuer-Gifte

Hierzu zählen Jin Yin Hua, Lian Qiao und – bei Mumps, Mundgeschwüren und Halsschwellungen verwendet – Da Qing Ye (Färberwaidblätter, *Isatis tinctoria*). Ban Lang Gen (Färberwaidwurzel) wird bei akutem Fieber eingesetzt.

Akute Erkrankungen

Feuer-Gifte machte man auch für gravierende Erkrankungen wie die akute Blinddarmentzündung verantwortlich. Als die Chirurgie noch unbekannt war, behandelte man sie mit einer kühlenden Mixtur aus Kräutern wie Da Huang, Mu Dan Pi, Lian Qiao und Jin Yin Hua sowie Zi Hua Di Ding (Chinesisches Veilchenkraut, *Viola yedoensis*) und Pu Gong Ying (Mongolischer Löwenzahn, *Taraxacum mongolicum*), die als spezifische Mittel gegen „oberflächliche Eiterungen" (wie etwa Furunkel) galten.

Weitere Informationen

Da Huang, siehe Seite 154; **Jin Yin Hua,** Seite 142; **Lian Qiao,** Seite 143; **Mu Dan Pi,** Seite 134.

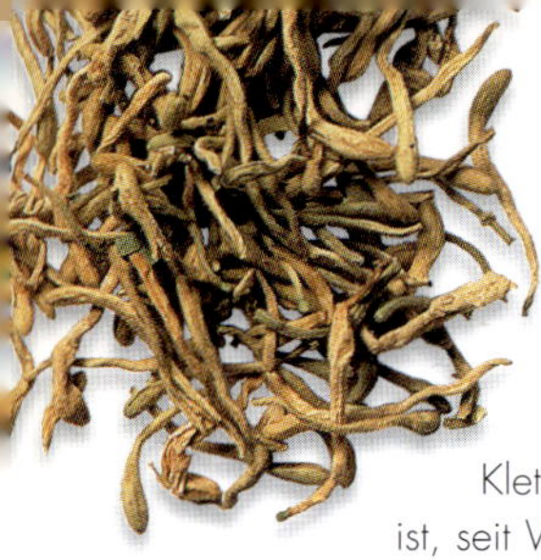

JIN YIN HUA Lonicera japonica

Jin Yin Hua bedeutet „Gold-Silber-Blume" – eine treffende Beschreibung dieses weißen und gelben Kletterstrauchs, der auch in westlichen Gärten anzutreffen ist, seit William Kerr 1806 die ersten, für die Royal Botanical Gardens im englischen Kew bestimmten Exemplare einsammelte. Blüten und Stängel (Jin Yin Teng) werden in China spätestens seit dem 7. Jahrhundert zur Behandlung diverser Hitzesyndrome verwendet.

Kurzporträt

BOTANISCHER NAME
Lonicera japonica

UMGANGSSPRACHLICHER NAME
Geißblatt

FAMILIE
Capriofoliaceae

VERWENDETE TEILE
Blüten

GESCHMACK
Süß

CHARAKTER
Kalt

MERIDIANE
Lunge, Magen, Dickdarm

WIRKUNGSWEISE
Antibakteriell, antiviral, blutdrucksenkend

TRADITIONELLE VERWENDUNG
- Hitze und Feuer-Gifte ableiten
- feuchte Hitze im unteren Jiao ableiten (bei Ruhr-artigen Syndromen)
- äußere Wind-Hitze vertreiben

TYPISCHE DOSIERUNG (CHINA)
30–60 Gramm

KOMBINATIONEN
Häufig zusammen mit Lian Qiao als Grundarznei für diverse Hitzeprobleme; zusätzlich: Huang Qin und Huang Lian bei hohem Fieber; Jie Geng und Niu Bang Zi bei Halsschmerzen und -schwellungen; Bo He bei äußeren Wind-Hitze-Syndromen.

LONICERA JAPONICA

Warnhinweis

Bei Mangelzuständen und Kälteleiden meiden.

LIAN QIAO Forsythia suspensa

Die Forsythie – in hiesigen Regionen längst ein vertrauter Anblick – gelangte 1844 durch den schottischen Entdecker Robert Fortune nach Europa. Die nach dem schottischen Botaniker William Forsyth benannte Pflanze war bereits Shen Nong bekannt, der sie für „böse Wunden, Kröpfe und Geschwülste" empiehlt – mit den alternativen Namen Jian Hua (Orchideenblüte) und Yi Qiao (sonderbare Schönheit).

Kurzporträt

Botanischer Name
Forsythia suspensa

Umgangssprachlicher Name
Forsythie, Goldglöckchen

Familie
Oleaceae

Verwendete Teile
Früchte

Geschmack
Bitter

Charakter
Leicht kalt

Meridiane
Lunge, Herz, Gallenblase

Wirkungsweise
Antibakteriell, wirkt gegen Brechreiz und Erbrechen, bekämpft Parasiten

Traditionelle Verwendung
- Hitze und Feuer-Gifte ableiten
- Wind-Hitze vertreiben
- Knötchen und Schwellungen auflösen

Typische Dosierung (China)
6–15 Gramm

Kombinationen
Oft zusammen mit Jin Yin Hua (siehe links); außerdem mit Ju Hua bei fiebrigen Erkrankungen; mit Ma Huang, Chi Shao Yao und Gan Cao bei Hautausschlag (auch als allergische Reaktion); mit Huang Lian bei akuten Infektionen.

FORSYTHIA SUSPENSA

Warnhinweis

Meiden bei Durchfall mit Milzmangel, bei Fieber mit mangelndem Qi (siehe Seite 80–89) und bei eitrigen Abszessen.

Das Innere wärmen

Wu Zhu Yu

Magenverkühlung kann mit dem Eindringen innerer Kälte verknüpft sein; Wu Zhu Yu unterstützt das Wärmen von Milz und Magen.

Neben Feuer und Hitze kann auch Kälte in das Innere des Körpers eindringen. Viele innere Kälteprobleme sind vergleichsweise harmlos. In gravierenderen Fällen jedoch können Yang und Qi stark beeinträchtigt werden; typische Zeichen sind schwerer Schock mit eiskalten Händen und Füßen, Schweißausbruch, Durchfall und Kollaps.

Innere Kälteprobleme sind häufig mit Milz und Magen assoziiert und viele als innerlich wärmend geltende Kräuter sind in der Tat Yang-Tonika, die vornehmlich auf Milz oder Nieren einwirken. Aus westlicher Sicht handelt es sich meist um Kräuter, die Verdauung oder Kreislauf anregen; manche wirken gegen Brechreiz und Durchfall, während andere wiederum das Nervensystem anregen.

Gan Jiang etwa ist eine warme, belebende Arznei, die beispielsweise bei kältebedingtem Milz- und Magenmangel verwendet wird. Rou Gui jedoch soll „das Feuer am Tor der Vitalität kräftigen" – es ist ein sehr warmes Kraut, dessen Wirkung sich auf das untere Jiao und die Nieren konzentriert.

Weitere Kräuter gegen innere Kälte sind: Fu Zi (*Aconitum carmichaelii*), Wu Zhu Yu, Chuan Jiao, Ding Zing (Gewürznelke, *Syzygium aromaticum*), Xiao Hui Xiang, Gao Liang Jiang, Bi Ba (Langer Pfeffer, *Piper longum*) und Hu Jiao (Schwarzer Pfeffer, *Piper nigrum*).

Die sechs Phasen

Um 220 n. Chr. veröffentlichte der chinesische Arzt Zhang Zhong-Jie seinen klassischen Text *Shang-Han Lun*. Er geht von sechs Phasen der kältebedingten

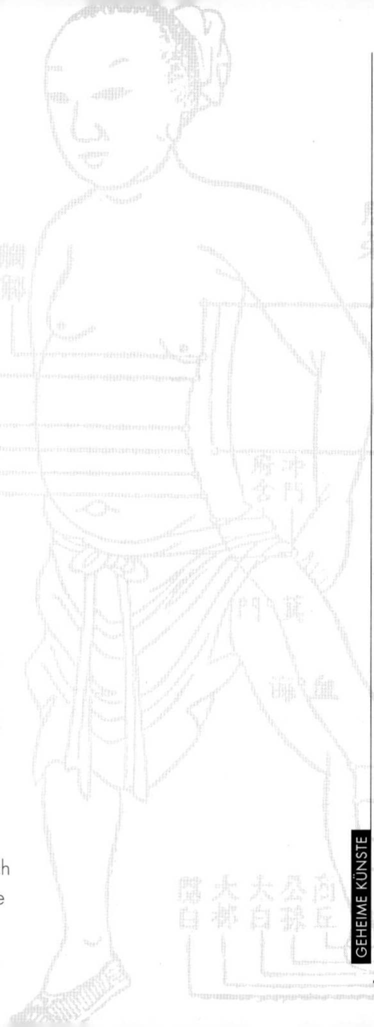

Leiden aus, beginnend mit der oberflächlichen Attacke äußerer Übel und endend mit starker innerer Kälte, die das Gleichgewicht von Yin und Yang durcheinander bringt. Im Einzelnen:

- **Tai Yang** (großes Yang), charakterisiert durch Fieber und Kopfschmerzen;
- **Yang Ming** (helles Yang), mit Fieber, Schwitzen und Reizbarkeit;
- **Shao Yang** (kleines Yang), mit Schüttelfrost, Fieber, Appetitmangel und Brechreiz;
- **Tai Yin** (großes Yin), nach innen gelangte Kälte verursacht Bauchauftreibung, Durst, Erbrechen und Durchfall;
- **Shao Yin** (kleines Yin), mit Durchfall, Erschöpfung, Unruhe, Gliederkälte und Schlaflosigkeit;
- **Jue Yin** (absolutes Yin), mit Kälte und Mangelsyndromen, Bauchschmerzen, Übelkeit, Erbrechen, Gliederkälte und Unruhe.

Spätere Kritiker sprachen zwar von einer übermäßigen Vereinfachung, doch dies ist eine durchaus zutreffende, frühe Beschreibung des möglichen Verlaufs einer schweren Infektion.

JIANG

Zingiber officinale Frischer Ingwer (Sheng Jiang) ist eine wärmende Arznei bei Verkühlungen durch Wind-Kälte. Getrockneter Ingwer (Gan Jiang) wirkt eher stärkend. Die Schale der frischen Ingwerwurzel (Sheng Jiang Pi) dient als Diuretikum. Shen Nong schreibt, eine längere Einnahme würde „dazu befähigen, mit dem Geist zu kommunizieren".

Kurzporträt

Botanischer Name
Zingiber officinale

Umgangssprachlicher Name
Ingwer

Familie
Zingiberaceae

Verwendete Teile
Wurzel

Geschmack
Scharf

Charakter
Warm

Meridiane
Herz, Lunge, Milz, Magen

Wirkungsweise
Wirkt gegen Übelkeit und Erbrechen, krampflösend, antiseptisch, lindert Blähungen und Verdauungsstörungen, kreislauffördernd, schweißtreibend, schleimlösend, gefäßerweiternd; lokal: fördert die Durchblutung der Haut (Rötung)

Traditionelle Verwendung
Sheng Jiang: • das Wei Qi stärken, Kälte vertreiben
• das mittlere Jiao wärmen
• die Giftigkeit anderer Kräuter reduzieren
Gan Jiang: • das Yang wiederherstellen, Milz, Magen und Lunge wärmen, Schleim lösen

Typische Dosierung (China)
3–9 Gramm

Kombinationen
Zusammen mit Gan Cao und Gao Liang Jiang bei kältebedingtem Magenmangel; mit Bai Zhu bei Milzmangel; mit Ban Xia und Ren Shen bei Kältemangel; Sheng Jiang mit Ban Xia gegen Erbrechen und feuchten Schleim; mit Da Zao bei äußerer Wind-Kälte.

ZINGIBER OFFICINALE

Warnhinweis

Bei Bestehen innerer Hitzesyndrome meiden.

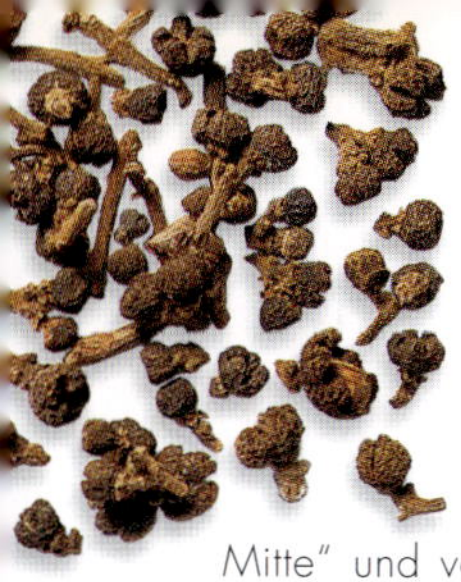

WU ZHU YU Evodia rutaecarpa

Das giftige Wu Zhu Yu wird seit der Zeit Shen Nongs als wärmende Arznei gegen Kälteleiden verwendet. Seiner Beschreibung nach „wärmt es die Mitte" und vertreibt den Wind; die Wurzel empfiehlt er zum „Abtöten dreier Arten von Gewürm". Die Früchte sind neueren Studien zufolge tatsächlich fähig, Maden- und Bandwürmer zu beseitigen.

Kurzporträt

Botanischer Name
Evodia rutaecarpa

Umgangssprachlicher Name
Stinkesche

Familie
Rutaceae

Verwendete Teile
Früchte

Geschmack
Scharf, bitter

Charakter
Heiß, leicht giftig

Meridiane
Milz, Magen, Leber, Nieren

Wirkungsweise
Antibakteriell, bekämpft Parasiten, schmerzstillend, erhöht die Körpertemperatur, stimuliert Atemwege und Gebärmutter

Traditionelle Verwendung
- Milz und Magen wärmen
- Kälte vertreiben, Schmerzen lindern
- den Fluss des Qi umkehren

Typische Dosierung (China)
2–6 Gramm

Kombinationen
Zusammen mit Huang Lian bei Erbrechen; mit Sheng Jiang bei Magenschmerzen und Erbrechen; mit Gan Jiang bei kalten Magensyndromen und Bauchschmerzen; kombiniert mit Wu Wei Zi auch bei Morgendurchfall im Zusammenhang mit Yang-Mangel von Milz und Nieren; kurz angebraten, um das aufwärts strömende Magen- und Leber-Qi umzukehren.

EVODIA RUTAECARPA

Warnhinweis

Meiden bei Yin-Mangel (siehe Seite 68–69) und übermäßigem Feuer.

Kältesyndrome

Kalte Glieder

Ein Kältesyndrom kann anhand von Aussehen, Gang und Sprechweise erkannt werden, die durch Steifheit, Verkrampfung und Trägheit charakterisiert sind.

Kälte hat auf den Körper die gleiche Wirkung wie auf die Umwelt: Sie lässt erstarren, verlangsamt die Bewegungen und führt schließlich zu verminderter Aktivität. Wenn Kälte die Leitbahnen beeinträchtigt, wird die Zirkulation von Qi und Xue verlangsamt oder blockiert; dies führt zu stechenden Krämpfen, die sich nur durch heiße Kompressen lindern lassen.

Kälteleiden können durch äußere Faktoren bedingt sein, aber auch mit einem Ungleichgewicht von Yin und Yang einhergehen (siehe Seite 68–69 und 72–73), da sowohl Yang-Mangel als auch Yin-Überschuss ein Kältegefühl zur Folge haben können.

Verdauungsprobleme

Mit Durchfall einhergehende Verdauungsstörungen sind nicht selten mit innerer Kälte oder Yang-Mangel verbunden. Bei innerer Kälte liegt eher eine akute Erkrankung vor, die durch wässerigen Stuhl, leichtes Fieber und Kopfschmerzen gekennzeichnet ist. Bei Yang-Mangel besteht zwar ebenfalls ein Kältegefühl, doch zugleich wird die Funktion der Milz oder der Nieren beeinträchtigt. Die Milz ist nun nicht mehr in der Lage, die Nährstoffe zu transportieren und umzuwandeln.
Die im Gewebe aufgestaute Flüssigkeit führt schließlich zu Ödemen oder Schwellungen.

Milzmangel ist ein chronisches Leiden mit häufigem Stuhlgang, Appetitlosigkeit und einem Druck- und Völlegefühl in der Magengegend. Ein typisches Zeichen für Nierenmangel ist frühmorgendlicher Stuhldrang mit Durchfall und Bauchschmerzen, die gleich nach dem Gang zur Toilette abklingen.

Jedes einzelne Kälteleiden bedarf einer sorgfältigen Diagnose, damit eine angemessene Behandlung garantiert ist. Bei innerer Kälte bevorzugt man wärmende, aromatische Kräuter wie Huo Xiang, Bai Zhi und Chen Pi. Bei Milzmangel wird eine stärker tonisierende Kräutermixtur etwa aus Dang Shen, Fu Ling, Bai Zhu und Shan Yao (Yamswurzel, *Dioscorea opposita*) verordnet. Bei Nierenmangel sind spezifische Stärkungsmittel wie Bu Gu Zhi, Wu Zhu Yu und Wu Wei Zi empfehlenswert.

Heiß und kalt

„Ein Mangel an Yang bringt äußerliche Kälte herbei, während ein Mangel an Yin zu innerer Hitze führt. Ein Übergewicht des Yang führt zu äußerlicher Hitze, ein Übergewicht des Yin dagegen zu innerer Kälte."

Huang Di: Nei Jing Su Wen, um 2500 v. Chr.

CHUAN JIAO **Zanthoxylum piperitum var. bungei**

Die Körner des Szechuanpfeffers werden erstmals 1350 in einem von Wu Rui verfassten Verzeichnis der Hausmittel (*Ri Yong Ben Cao*) erwähnt. Dieser Pfeffer ist zwar nicht näher mit anderen Pfefferarten verwandt, wird jedoch in China bis heute gern als Küchengewürz verwendet und dort gewöhnlich als Huo Jiao (Blumenpfeffer) bezeichnet. Wie normaler roter Pfeffer dient er als Zutat für Dips und als Alternative zum Fünf-Gewürze-Pulver.

Kurzporträt

BOTANISCHER NAME
Zanthoxylum piperitum var. bungei

UMGANGSSPRACHLICHER NAME
Szechuanpfeffer

FAMILIE
Rutaceae

VERWENDETE TEILE
Früchte

GESCHMACK
Scharf

CHARAKTER
Heiß, giftig

MERIDIANE
Milz, Lunge, Nieren

WIRKUNGSWEISE
Verdauungsfördernd, bekämpft Parasiten, vertreibt Darmwürmer, reduziert den Milchfluss

TRADITIONELLE VERWENDUNG
- das mittlere Jiao wärmen, Kälte vertreiben
- Bauchschmerzen lindern, Parasiten abtöten

TYPISCHE DOSIERUNG (CHINA)
1–3 Gramm

KOMBINATIONEN
Zusammen mit Gan Jiang und Dang Shen bei Magen- und Bauchschmerzen sowie Brechreiz im Zusammenhang mit kältebedingtem Magen- und Milzmangel; kombiniert mit Cang Zhu und Chen Pi bei kalter Feuchte und Durchfall.

ZANTHOXYLUM PIPERITUM VAR. BUNGEI

Warnhinweis

Meiden bei Yin-Mangel-Syndromen (siehe Seite 68–69) mit Hitzesymptomen und während der Schwangerschaft.

XIAO HUI XIANG

Foeniculum vulgare Fenchel wird in Europa seit römischer Zeit kultiviert. Sein griechischer Name *marathron* soll von einem Verb abgeleitet sein, das „dünn werden" bedeutet – Fenchel war ein frühes Schlankheitsmittel. In China erst seit dem 11. Jahrhundert verwendet, gelten seine Samen dort als wichtige wärmende Arznei bei Magenproblemen und sollen auch auf die Leber einwirken.

Kurzporträt

BOTANISCHER NAME
Foeniculum vulgare

UMGANGSSPRACHLICHER NAME
Fenchel

FAMILIE
Umbelliferae/Apiaceae

VERWENDETE TEILE
Samen

GESCHMACK
Scharf

CHARAKTER
Warm

MERIDIANE
Magen, Leber, Nieren

WIRKUNGSWEISE
Entzündungshemmend, lindert Blähungen und Verdauungsstörungen, kreislauffördernd, stimuliert den Milchfluss, harntreibend, schleimlösend

TRADITIONELLE VERWENDUNG
- das Qi regulieren, Schmerzen lindern
- Magen und mittleres Jiao wärmen

TYPISCHE DOSIERUNG (CHINA)
3–9 Gramm

KOMBINATIONEN
Zusammen mit Rou Gui, Sheng Jiang oder Hou Po bei Problemen in Verbindung mit Kälte im Magen – einschließlich kolikartiger Schmerzen, Appetitlosigkeit, Verdauungsstörungen und Erbrechen.

FOENICULUM VULGARE

Warnhinweis

Bei Yin-Mangel-Syndromen (Seite 68–69) mit Vorsicht verwenden.

Ableitende Kräuter

Chinesischer Rhabarber
In der TCM ist die Wurzel des Chinesischen Rhabarbers eines der wichtigsten ableitenden Kräuter, das auch gegen Verstopfung eingesetzt wird.

Ableitende Kräuter dienen vor allem dazu, den Verdauungstrakt anzuregen und zu schmieren, um Verstopfungen zu begegnen. Viele dieser Pflanzen, die wir als Abführmittel bezeichnen würden, sind uns überaus vertraut.

Rhabarberwurzel (Da Huang), Aloeblätter (Lu Hui) und Sennesblätter (Fan Xie Ye) werden auch in der westlichen Kräuterheilkunde und Schulmedizin gegen Verstopfung verordnet. Die TCM geht jedoch von einer anderen Wirkungsweise dieser Mittel aus. Im Westen könnte man sie als Reizstoffe ansehen, denn sie enthalten Substanzen, die die Darmschleimhaut reizen und die wellenförmigen Kontraktionen des Darms (Peristaltik) anregen.

Die chinesische Medizin schreibt diesen starken Abführmitteln jedoch die Fähigkeit zu, ein Übermaß an Hitze oder Kälte zu beseitigen und das gestörte Verdauungssystem auf diese Weise wieder zu normalisieren.

Diese Gruppe umfasst auch die so genannten „feuchten Abführmittel"; meist handelt es sich um Nüsse oder Samen, die der Austrocknung oder dem Mangel an Körpersäften begegnen sollen. Hierzu zählen Huo Ma Ren und die Samen der Japanischen Steinkirsche (Yu Li Ren, *Prunus japonica*). Die entsprechenden Beschwerden sind meist mit Yin-Mangel und Schwäche verbunden.

Starke Abführmittel

Die TCM kennt zudem eine Reihe von überaus heftig wirkenden Abführmitteln, die Durchfall herbeiführen. Sie werden bei schweren Erkrankungen verordnet, falls die Verstopfung mit einer Stockung der Körpersäfte einhergeht. Krankheiten wie Rippenfellentzündung oder massives Ödem würde man als innere Übermaßsyndrome einstufen und mit solchen starken Arzneien behandeln, die sich jedoch keineswegs für den Hausgebrauch eignen.

Hierzu zählen Trichterwindensamen (Qian Niu Zi, *Phabatis nil*), Kratzdistelkraut (Da Ji, *Euphorbia pekinensis*), Kermesbeerenwurzel (Shang Lu, *Phytolacca acinosa*), Seidelbastblüten (Yuan Hua, *Daphne genkwa*) und Wolfsmilchwurzel (Gan Sui, *Euphorbia kansui*).

Von mild bis kräftig

Folgende Stärken kann man unterscheiden: milde Abführmittel (z. B. Da Huang), feuchte Abführmittel (z. B. Huo Ma Ren) und kräftige Abführmittel (so genannte Drastika, z. B. Qian Niu Zi).

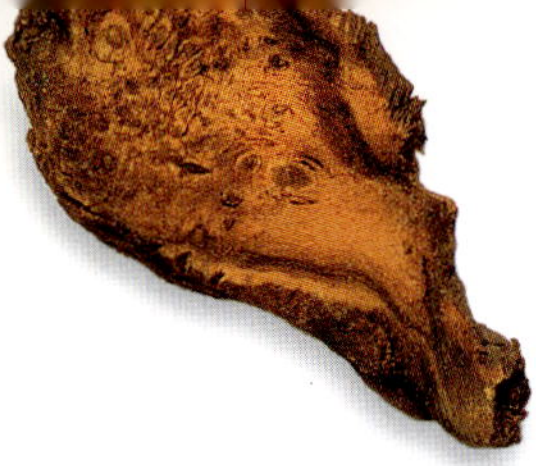

DA HUANG Rheum palmatum

Wie in der westlichen Kräuterheilkunde wird Da Huang („großes Gelb", wegen der Farbe der Wurzel) auch in der TCM hauptsächlich als Abführmittel verwendet. Die Pflanze gelangte durch arabische Händler nach Europa. Zunächst nahm man fälschlicherweise an, dass sie aus Vorderasien stammen würde.

Kurzporträt

BOTANISCHER NAME
Rheum palmatum

UMGANGSSPRACHLICHER NAME
Chinesischer Rhabarber

FAMILIE
Polygonaceae

VERWENDETE TEILE
Wurzel und Wurzelstock

GESCHMACK
Bitter

CHARAKTER
Kalt

MERIDIANE
Leber, Milz, Magen, Dickdarm

WIRKUNGSWEISE
Abführend, antibakteriell, antimykotisch, bekämpft Parasiten, senkt Blutdruck und Cholesterinspiegel, galletreibend, harntreibend, blutstillend

TRADITIONELLE VERWENDUNG
- (feuchte) Hitze und übermäßige Hitze im Blut ableiten
- die Durchblutung anregen, Blutstockungen beseitigen
- Feuer-Gifte neutralisieren

TYPISCHE DOSIERUNG (CHINA)
3–12 Gramm

KOMBINATIONEN
Zusammen mit Huang Lian und Huang Bai gegen Bauchauftreibung und Erbrechen durch übermäßige Hitze oder Hitze im Blut; mit Rou Gui bei chronischer Verstopfung; mit Ren Shen und Gan Jiang bei Durchfall oder Verstopfung mit mangelndem Milz-Yang; mit Zhi Zi, Chai Hu (*Bupleurum falcatum*) und Huang Bai gegen innere Hitze und Feuchtesyndrome.

RHEUM PALMATUM

Warnhinweis

Bei Fehlen von Hitze- oder Feuersymptomen und in der Schwangerschaft meiden.

HUO MA REN Cannabis sativa

In der westlichen Welt gilt Cannabis als Freizeitdroge wie auch als Heilpflanze. Die Blätter werden im Westen gegen Übelkeit und Erbrechen verabreicht sowie zur Linderung der Symptome von Muskelverhärtungen. In China gelten die Samen vornehmlich als mildes, feuchtes Abführmittel.

Kurzporträt

Botanischer Name
Cannabis sativa

Umgangssprachlicher Name
Cannabis, Indischer Hanf, Haschisch (Harz aus den weiblichen Blüten), Marihuana (getrocknete Blüten und Blätter)

Familie
Cannabiaceae

Verwendete Teile
Samen

Geschmack
Süß

Charakter
Neutral

Meridiane
Milz, Magen, Dickdarm

Wirkungsweise
Abführend, blutdrucksenkend

Traditionelle Verwendung
- den Darm schmieren
- das Yin nähren
- Hitze ableiten, Wunden heilen

Typische Dosierung (China)
9–30 Gramm

Kombinationen
Zusammen mit Dang Gui gegen Verstopfung bei älteren Patienten oder nach der Entbindung; die Samen werden häufig als Bestandteil des Kombinationspräparats Ma Zi Ren Wan (siehe Seite 157) verwendet, das nach dem alternativen chinesischen Namen der Pflanze benannt ist.

Zur Beachtung: Anbau, Besitz oder Nutzung von Cannabispflanzen sind in manchen Ländern illegal; dies gilt nicht unbedingt für Besitz und Verwendung der Samen. Die im Handel erhältlichen gekochten Samen sind für den Anbau ungeeignet.

CANNABIS SATIVA

Warnhinweis

Nicht bei Durchfall verwenden.

Verstopfung

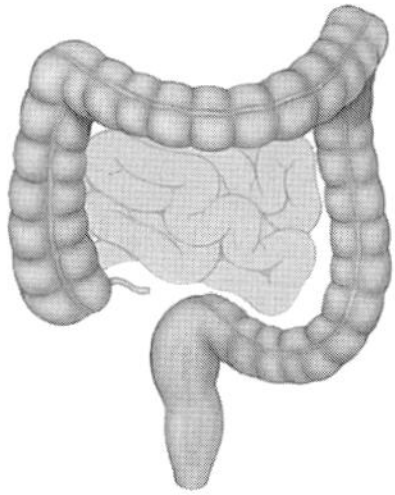

Dickdarm

Da Verstopfung und andere Störungen der Darmfunktion unterschiedliche Ursachen haben können, bedürfen sie einer sorgfältigen Diagnose.

In der TCM gilt Verstopfung als ein Problem, das mit dem Dickdarm verknüpft ist. Im Modell der fünf Wandlungsphasen ist der Dickdarm das mit der Lunge assoziierte Hohlorgan (Fu), eine Lungenschwäche kann deshalb bisweilen mit Verstopfung einhergehen.

Wahrscheinlicher jedoch ist, dass ein Verdauungsproblem aufgrund einer Disharmonie der Milz und des Flüssigkeitsstoffwechsels vorliegt.

Die TCM unterscheidet fünf Arten von Ursachen für Verstopfung:

- übermäßige innere Hitze;
- übermäßige innere Kälte;
- Schwäche, etwa bei Senioren oder nach der Entbindung;
- Syndrome der trockenen Hitze mit mangelnden Körpersäften und dadurch erschwertem Stuhltransport;
- Nieren- und Milzschwäche.

Auch hier kommt es auf eine korrekte Diagnose an; bei einem bestehenden Schwächezustand beispielsweise wären stark abführende Kräuter unangebracht. Auch die Unterscheidung von innerer Hitze und Kälte ist von Belang: übermäßige Hitze ist oft mit wechselhafter Verdauung verbunden; Fieber, Hautreizungen und Durstgefühl können vorangehen. Verstopfung in Verbindung mit übermäßiger Kälte wird wahrscheinlich von Bauchschmerzen und Bauchauftreibung begleitet.

In beiden Fällen verwendet man Da Huang, kombiniert mit eher kühlenden oder wärmenden Kräutern. Eine kalte, abführende Kräutermixtur könnte aus kaltem Mu Dan Pi und neutralem Tao Ren (Pfirsichsamen) bestehen. Um einen wärmenden Effekt zu erzielen, könnte man Da Huang mit Sheng Jiang kombinieren. Bei Verstopfung durch Energiemangel sind jedoch stärkende Kräuter wie Dang Gui erforderlich, während Yin-Mangel eher kühlender Kräuter wie Ze Xie bedarf.

Ma Zi Ren Wan

Eine typische Kombination bei Verstopfung, verbunden mit trockener Hitze in Magen und Darm und mangelnden Körpersäften ist Ma Zi Ren Wan (Hanfsamenpillen). Das Mittel besteht aus:

Huo Ma Ren	30 Gramm
Bai Shao Yao	15 Gramm
Xing Ren	9 Gramm
Zhi Shi	9 Gramm
Da Huang	9 Gramm
Hou Po	9 Gramm

Meist werden winzige Pillen aus den pulverisierten und mit Honig oder einem ähnlichen Bindemittel vermengten Kräutern geformt und in Flaschen abgefüllt. Die empfohlene Dosis beträgt 10 bis 20 Pillen in Wasser zwei- bis dreimal täglich.

FAN XIE YE

Senna alexandrina Sennesblätter und -hülsen werden in vielen Teilen der Welt seit Jahrhunderten als starke Abführmittel verwendet. Der Schulmedizin auch heute noch geläufig, ist diese Pflanze in zahlreichen frei verkäuflichen Arzneien enthalten. Senna reizt den Darmtrakt und fördert damit die Peristaltik. Obwohl die Hülsen eine mildere Wirkung zeigen als die Blätter, werden in der TCM nur Letztere verwendet.

Kurzporträt

BOTANISCHER NAME
Senna alexandrina

UMGANGSSPRACHLICHER NAME
Alexandriner Senna

FAMILIE
Leguminosae/Caesalpiniaceae

VERWENDETE TEILE
Blätter

GESCHMACK
Bittersüß

CHARAKTER
Kalt

MERIDIANE
Dickdarm

WIRKUNGSWEISE
Stimulierendes Abführmittel, antibakteriell, vertreibt Wurmparasiten, kühlend

TRADITIONELLE VERWENDUNG
- übermäßige Hitze aus dem Körper leiten
- ableiten und den Stuhl bewegen

TYPISCHE DOSIERUNG (CHINA)
3–6 Gramm

KOMBINATIONEN
Gewöhnlich einzeln als Tee oder Pulver verordnet.

SENNA ALEXANDRINA

Warnhinweis

Während der Schwangerschaft meiden; Überdosierung kann Übelkeit und Bauchschmerzen hervorrufen.

LU HUI

Aloe vera Im Westen verwendet man Extrakte von Aloe vera in der Regel bei Verbrennungen und wunder Haut – also äußerlich. Darüber hinaus wird die Pflanze zunehmend als Stärkungsmittel vermarktet. Das abführende Hausmittel gegen Verstopfung wird in China seit dem 11. Jahrhundert als ableitende Arznei verwendet. Es wird erstmals im *Jia You Ben Cao* (*Materia Medica der Jia-You-Ära*) von Zhang Yu-Xi und Su Song erwähnt.

Kurzporträt

BOTANISCHER NAME
Aloe vera

UMGANGSSPRACHLICHER NAME
Aloe

FAMILIE
Liliaceae/Aloaceae

VERWENDETE TEILE
Saft der Blätter

GESCHMACK
Bitter

CHARAKTER
Kalt

MERIDIANE
Leber, Magen, Dickdarm

WIRKUNGSWEISE
Abführend, galletreibend, wundheilend, kräftigend, verhindert Schleimhautreizungen, antimykotisch, blutstillend, hilft gegen Wurmparasiten

TRADITIONELLE VERWENDUNG
- Hitze und Feuer aus Leber und Dickdarm entfernen
- den Stuhl bewegen
- den Magen stärken

TYPISCHE DOSIERUNG (CHINA)
1–2 Gramm

KOMBINATIONEN
Zusammen mit Kräutern wie Huang Qin und Long Dan Cao bei übermäßiger Hitze im Lebermeridian in Verbindung mit Bauch- und Kopfschmerzen.

ALOE VERA

Warnhinweis

Während der Schwangerschaft und bei kältebedingten Mangelsyndromen von Milz oder Magen meiden.

Kräuter gegen schmerzhafte Blockaden

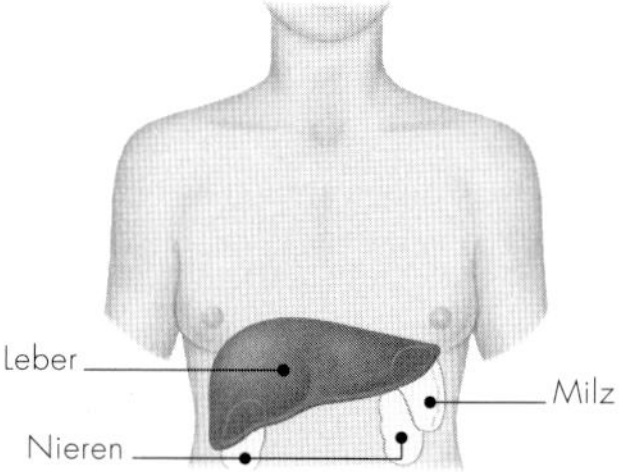

Zang-Stärkungsmittel
Die in der TCM oft verwendeten Mittel zur Stärkung der Zang-Organe sollen gewebsspezifische Blockaden aufheben.

In den Körper eindringende Krankheitserreger können in den Meridianen schmerzhafte Blockaden verursachen, die wiederum Schmerzen und Schwellungen hervorrufen. Wenn die Meridiane der Gliedmaßen betroffen sind, entsteht das so genannte Bì-Syndrom (Bì Zheng), wobei Bì meist mit „Schmerz" übersetzt wird und Bì Zheng als „schmerzhafte Blockaden". Auch wenn hiermit jede Erkrankung gemeint sein kann, die mit einer Blockade einhergeht, bezieht sich der Begriff meist auf solche Leiden, die man im Westen als Arthritis oder rheumatische Erkrankungen einstufen würde.

Kräuter gegen Wind-Feuchte

Angesichts der unterschiedlichen womöglich involvierten „Übel" können kühlende, trocknende und wärmende Mittel zum Einsatz kommen – je nach Syndrom, Alter und Konstitution des Patienten und abhängig von der jeweiligen Krankheitsphase zu Behandlungsbeginn.

Viele der bei arthritischen Leiden verwendeten Kräuter sind Stärkungsmittel für Leber oder Nieren. Das Modell der fünf Wandlungsphasen verbindet die Leber mit den Sehnen und die Nieren mit den Knochen. Bei Muskel- und rheumatischen Schmerzen würde man jedoch zu solchen Mitteln greifen, die die Milz stärken.

Die in diese Gruppe fallenden Kräuter bezeichnet man im Westen gewöhnlich als entzündungshemmend oder schmerzstillend.

Tigerknochen (Hu Gu), vielerorts zu Recht wegen der Bedrohung der letzten frei lebenden Tiger verdammt, besitzen im Laborversuch eine stark entzündungshemmende Wirkung bei künstlich herbeigeführter Arthritis – ein Grund mehr für ihre anhaltende Beliebtheit in vielen Teilen Asiens.

Je nach Aussprache

Probleme bei der Übersetzung chinesischer Begriffe entstehen dadurch, dass ihre Bedeutung je nach Aussprache variiert. Für jedes Wort existieren wenigstens drei Aussprachevarianten, die abhängig von der Zungenstellung sind.
Bì kann „schmerzhafte Blockaden" bedeuten, in leicht veränderter Aussprache jedoch auch „Harnverhaltung" oder – als dritte Variante – „Oberschenkel". Um die Verwirrung zu vervollständigen: Bí bedeutet „Nase", wobei Bí Sai so viel wie „verstopfte Nase" meint.

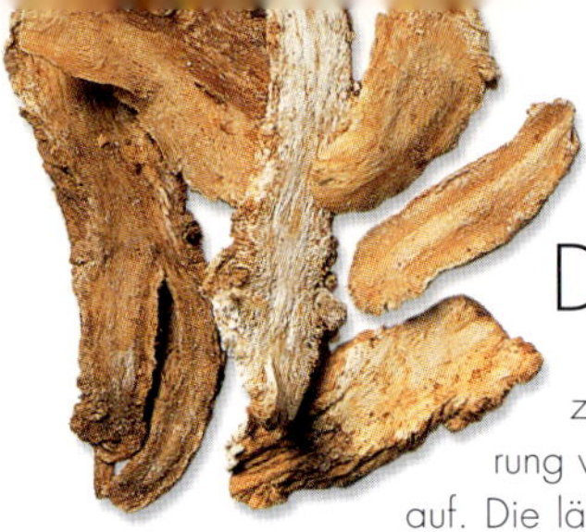

DU HUO *Angelica pubescens*

Shen Nong führt die Angelikawurzel als Mittel zur Behandlung von Wind-Kälte und zur Linderung von Schmerzen, Epilepsie und Wundstarrkrampf auf. Die längere Einnahme soll außerdem das Altern verlangsamen. Die von ihm erwähnten alternativen Namen Qiang Qing und Qiang Huo beziehen sich auf einen nomadischen Stamm, der einst im Nordwesten Chinas lebte. Heute bezeichnet Qiang Huo das ebenfalls gegen Wind-Kälte-Feuchte eingesetzte *Notopterygium incisium*.

Kurzporträt

BOTANISCHER NAME
Angelica pubescens

UMGANGSSPRACHLICHER NAME
Angelika

FAMILIE
Umbelliferae/Apiaceae

VERWENDETE TEILE
Wurzel

GESCHMACK
Scharf, bitter

CHARAKTER
Leicht warm

MERIDIANE
Nieren, Harnblase

WIRKUNGSWEISE
Schmerzstillend, antirheumatisch, blutdrucksenkend, nervenanregend

TRADITIONELLE VERWENDUNG
- Wind und Feuchte vertreiben
- Schmerzen lindern

TYPISCHE DOSIERUNG (CHINA)
3–9 Gramm

KOMBINATIONEN
Bestandteil des Du Huo Ju Sheng Tang, einer Mischung aus 15 Kräutern wie Du Zhong, Rou Gui, Dang Gui und Bai Shao Yao, verwendet bei chronischem Hexenschuss mit Wind-Kälte-Feuchte und Leber- oder Nierenschwäche; zusammen mit Ma Huang bei äußerlichen Wind-Kälte-Problemen; mit Bai Zhu gegen Zahnschmerzen durch Wind-Kälte.

ANGELICA PUBESCENS

Warnhinweis

Bei Yin-Mangel (siehe Seite 68–69) und Mangelsyndromen des Blutes meiden.

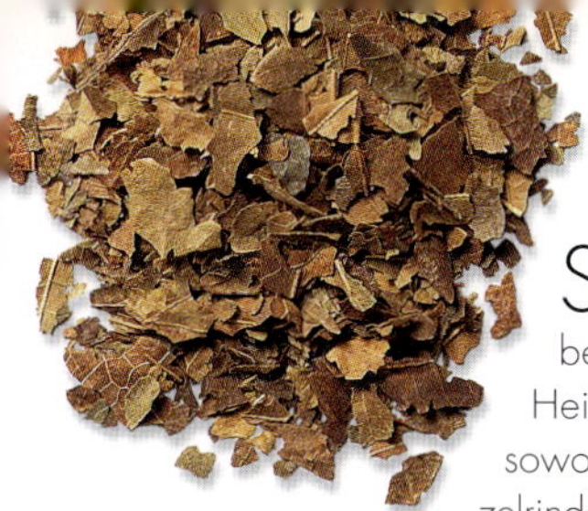

SANG

Morus alba Der Maulbeerbaum ist einer der vielseitigsten zu Heilzwecken nutzbaren Bäume Chinas, da sowohl seine Blätter (Sang Ye) als auch Wurzelrinde (Sang Bai Pi), Früchte (Sang Shen) und Zweige (Sang Zhi) verwendet werden, wenngleich in Shen Nongs Kräuterheilkunde lediglich die Blätter erwähnt sind. Beeren, Blätter und Rinde der Schwarzen Maulbeere (*Morus nigra*) wurden in der westlichen Heilkunde eingesetzt.

Kurzporträt

BOTANISCHER NAME
Morus alba

UMGANGSSPRACHLICHER NAME
Maulbeere

FAMILIE Moraceae

VERWENDETE TEILE
Blätter, Zweige, Wurzelrinde, Früchte

GESCHMACK
Süß bzw. bitter

CHARAKTER
Kalt bzw. neutral

MERIDIANE
Lunge, Leber, Milz, Herz

WIRKUNGSWEISE
Schmerzstillend, antiasthmatisch, antibakteriell, lindert Husten, schweißtreibend, harntreibend, schleimlösend

TRADITIONELLE VERWENDUNG
Sang Ye: • Wind und Hitze ableiten, Hitze aus Leber und Blut ableiten
Sang Bai Pi: • Husten lindern, Hitze aus der Lunge ableiten
Sang Zhi: • Wind vertreiben und die Meridiane aktivieren
Sang Shen: • das Yin auffüllen und das Blut nähren

TYPISCHE DOSIERUNG (CHINA)
5–15 Gramm

KOMBINATIONEN
Sang Zhi zusammen mit Wei Liang Xian bei rheumatischen Schmerzen mit Wind-Feuchte; Sang Ye mit Ju Hua, Bo He, Jie Geng und Lian Qiao bei äußerlicher Wind-Hitze; Sang Shen mit He Shou Wu bei Leber- und Nierenmangel.

MORUS ALBA

Warnhinweis

Sang Bai Pi und Sang Ye auf keinen Fall bei Kälteleiden verwenden; Sang Shen bei Durchfall meiden.

Bì-Syndrom und Arthritis

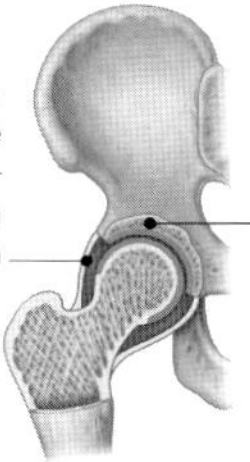

Gelenke

Nicht Abnutzung, sondern Blockaden durch Wind, Kälte, Hitze oder Feuchte gelten in der TCM als Ursachen arthritischer Leiden.

Die TCM unterscheidet vier Hauptursachen für arthritische Schmerzen. In jedem Fall liegen dem jeweiligen Bì-Syndrom (Bì Zheng) bestimmte äußerliche Krankheitserreger zugrunde. Dies sind:

- Wind-Blockaden: wichtigstes Unterscheidungsmerkmal ist die wechselhafte Natur des Windes; die Schmerzen wandern von einem Gelenk zum anderen, Fieber und Schüttelfrost können hinzutreten;
- Kälte-Blockaden: steife Gelenke mit Schmerzen vor allem bei kaltem Wetter und während der Bewegung; Linderung durch heiße Kompressen;
- Feuchte-Blockaden: meist dauerhafte Schmerzen mit Anschwellen und Taubheit der betroffenen Gelenke; verstärkte Schmerzen bei feuchter Witterung;
- Hitze-Blockaden: geschwollene Gelenke, Schmerzen und leichtes Fieber.

Diese Grundformen des Bì Zheng sind oft mit den altersbedingten Schmerzen verschiedener Formen von Osteoarthritis oder Rheuma kombiniert als Wind-Kälte-Feuchte. Rheumatoide Arthritis jedoch ist meist eine heiße Form, z. B. als Hitze-Feuchte oder Wind-Hitze.

Fu Zi Tang

Ein typisches Rezept gegen Arthritis mit Kälte-Feuchte. Es kombiniert wärmende, trocknende Arzneien mit Stärkungsmitteln für die (mit den Sehnen assoziierte) Leber und das Qi.

Fu Zi 6 Gramm;
Bai Zhu 9 Gramm;
Ren Shen 3 Gramm;
Bai Shao Yao 6 Gramm;
Fu Ling 9 Gramm.

Das toxische Fu Zi (die Wurzel des Chinesischen Eisenhuts, *Aconitum carmichaelii*) wird in der TCM bei extremen Kälteleiden eingesetzt. Wegen ihrer Giftigkeit wird die Wurzel zunächst zusammen mit Ingwer abgekocht oder mit Salz, braunem Zucker oder Schwefel vermengt. Fu Zi gehört daher nicht in unerfahrene Hände.

Gui Zhi Shao Yao Zhi Mu Tang

Dieses Rezept gegen Wind-Kälte-Feuchte verwendet warme, trocknende Kräuter, die durch das kalte, bittere Zhi Mu modifiziert werden, ergänzt durch Stärkungsmittel für Leber und Nieren:
Gui Zhi 6 Gramm;
Bai Shao Yao 6 Gramm;
Zhi Mu 6 Gramm;
Ma Huang 6 Gramm;
Bai Zhu 6 Gramm;
Fu Zi 6 Gramm;
Gan Cao 3 Gramm;
Sheng Jiang 3 Stücke.

Dieses Mittel kommt bei wechselhaften Gelenkschmerzen und Schwellungen zum Einsatz.

CANG ER ZI Xanthium strumarium

Cang Er Zi ist eines der Kräuter, die in der TCM zum Ableiten von Wind-Feuchte verwendet werden. Chinesische Studien haben gezeigt, dass Cang Er Zi ein überaus wirksames Mittel gegen Schnupfen und allergischer Rhinitis darstellt. Die Pflanze wird erstmals in den um 620 n. Chr. von Sun Simiao verfassten „Tausend-Dukaten-Verordnungen" (*Qian Jin Yao Fang*) erwähnt.

Kurzporträt

BOTANISCHER NAME
Xanthium strumarium

UMGANGSSPRACHLICHER NAME
Sibirische Spitzklette

FAMILIE
Compositae

VERWENDETE TEILE
Früchte

GESCHMACK
Scharf, bitter

CHARAKTER
Warm, toxisch

MERIDIANE
Lunge

WIRKUNGSWEISE
Antibakteriell, bekämpft Schnupfen, antimykotisch, antirheumatisch, krampflösend, schmerzstillend

TRADITIONELLE VERWENDUNG
- die Nasenhöhle frei machen
- Wind-Feuchte vertreiben, einschließlich Bi-Syndrom (Arthritis/Rheuma) und Hautreizungen
- durch äußerlichen Wind bedingte Schmerzen vertreiben

TYPISCHE DOSIERUNG (CHINA)
3–9 Gramm

KOMBINATIONEN
Zusammen mit Bo He und Jin Yin Hua bei Erkrankungen der Nasennebenhöhlen im Rahmen chronischer Wind-Hitze-Syndrome; mit Huang Qin bei akuten Wind-Hitze-Syndromen; mit Jin Ying Zi und Wu Wei Zi bei allergischer Rhinitis.

XANTHIUM STRUMARIUM

Warnhinweis

Nicht verwenden gegen Kopfschmerzen oder arthritische Schmerzen bei Anämie. Der Bestandteil Xanthostrumarin kann in hohen Dosen toxisch sein und Krampfanfälle auslösen.

WU JIA PI Eleutherococcus senticosus

In den 1950er-Jahren wurde man auch im Westen auf den Sibirischen Ginseng aufmerksam, als er von zahlreichen sowjetischen Sportlern zur Steigerung von Ausdauer und Leistung benutzt wurde. In China seit wenigstens 2000 Jahren verwendet, wird er von Shen Nong bei Bauchschmerzen, Qi-Schwäche und für die Wundheilung empfohlen.

Kurzporträt

BOTANISCHER NAME
Eleutherococcus senticosus

UMGANGSSPRACHLICHER NAME
Sibirischer Ginseng, Taigawurzel

FAMILIE
Araliaceae

VERWENDETE TEILE
Wurzelrinde

GESCHMACK
Scharf

CHARAKTER
Warm

MERIDIANE
Leber, Nieren

WIRKUNGSWEISE
Kräftigend, anregend, Stress bekämpfend, antiviral, senkt den Blutzuckerspiegel, immunstimulierend

TRADITIONELLE VERWENDUNG
- Wind-Feuchte vertreiben, Sehnen und Knochen kräftigen
- Feuchte umwandeln und Schwellungen reduzieren

TYPISCHE DOSIERUNG (CHINA)
9–15 Gramm

KOMBINATIONEN
Zusammen mit Chen Pi, Fu Ling und Ingwerschale im Wu Pi San als harntreibendes Mittel; mit Wei Ling Xian und Qin Jiao bei Muskelschmerzen und Krämpfen in Verbindung mit Wind-Feuchte; während man in China allein die Wurzelrinde verwendet, dient im Westen die gesamte Wurzel als Stärkungsmittel zur Stressbekämpfung.

ELEUTHEROCOCCUS SENTICOSUS

Warnhinweis

Meiden bei Yin-Mangel (siehe Seite 68–69) mit Anzeichen für Hitze.

Heißes Bì-Syndrom

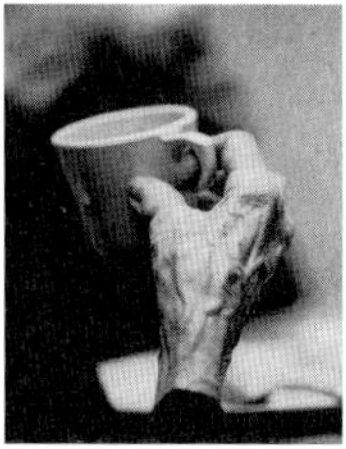

Arthritische Hände
Rheumatoide Arthritis befällt vor allem die Fingergelenke und kann in der TCM als Heißes Bì-Syndrom angesehen werden.

Arthritische Leiden, die mit heißen, entzündeten Gelenken, leichtem Fieber oder Hautausschlag einhergehen, würde man in der TCM einer Hitzeblockade in den Meridianen zuschreiben.

Rheumatoide Arthritis ist eine schwere systemische Erkrankung, die langfristig zu Gelenksdeformationen führt und als heiß eingestuft wird. Dies gilt auch für jene Form der Arthritis, die mit der im Westen häufig als Autoimmunerkrankung geltenden Schuppenflechte verknüpft ist.

Das Bì-Syndrom der Wind-Hitze ist gekennzeichnet durch entzündete, steife und schwer bewegliche Gelenke, oft gepaart mit Fieber und Durst. Auch das Bì-Syndrom der Feuchte-Hitze umfasst Fieber und Durst, jedoch mit erhöhter Tendenz zu Hautausschlag und stärkeren, schmerzhaften Gelenkschwellungen.

Bei rheumatoider Arthritis besteht oftmals eine wechselnde Symptomatik mit unterschiedlichen Akzenten.

Er Miao San

Dieses Grundrezept dient zur Behandlung der Feuchte-Hitze-Formen des Bì-Syndroms, vor allem von Lenden- und Knieschmerzen in Verbindung mit geschwächter Leberenergie.
Es besteht aus:
Huang Bai 6 Gramm;
Cang Zhu 9 Gramm.

Wenn man Huai Niu Xi hinzugibt, um Leber und Knie weiter zu stärken, bezeichnet man die Mixtur als San Miao San. Bei dominanter Feuchte wird Yi Yi Ren hinzugefügt (Si Miao San).

Bai Hu Jia Gui Zhi Tang

Diese Abkochung verwendet man zur Behandlung arthritischer Schmerzen in Verbindung mit Wind, Hitze und Feuchte, wenn schmerzhafte, brennende Gelenkschwellungen bestehen. Zutaten sind:

Gui Zhi 6 Gramm;
Shi Gao 20 Gramm;
Zhi Mu 9 Gramm;
Jing Mi (Reis) 15 Gramm;
Gan Cao 3 Gramm.

Shi Gao (Gips/Calciumsulfat) ist eines der wichtigsten Mineralien in der TCM. Als sehr kalt eingestuft, dient es zum Ableiten von Hitze etwa bei Magen-Feuer und asthmatischen Beschwerden oder von Hitze, die die Meridiane blockiert.

Es verwundert kaum, dass Reis in der TCM in zahlreichen Varianten Verwendung findet – die Reissamen (Jing Mi) als Tonikum für Milz und Magen, gekeimter Reis (Gu Ya) vor allem bei Verdauungsproblemen und die Reiswurzel (Nuo Dao Gen Xu) bei fiebrigen Erkrankungen in Verbindung mit Nierenschwäche.

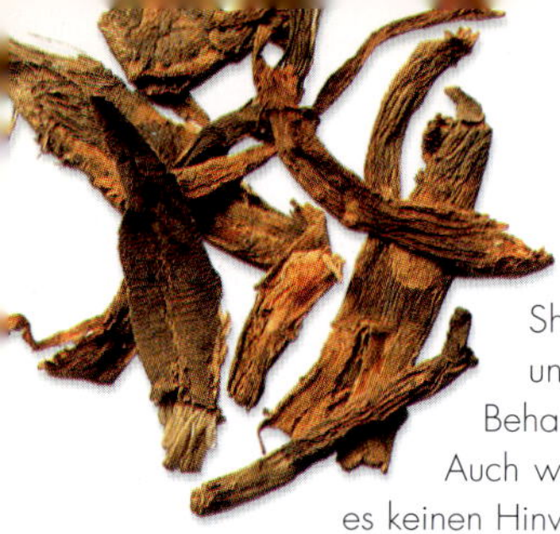

QIN JIAO *Gentiana macrophylla*

Shen Nong beschreibt diese Enzianart als „bitter und ausgewogen" und somit als geeignet für die Behandlung diverser Kälte-, Hitze- und Feuchteleiden. Auch wenn Shen Nong das Gegenteil behauptet, gibt es keinen Hinweis auf eine harntreibende Wirkung. In der chinesischen Kräuterheilkunde werden noch mehrere andere Enzianarten verwendet, darunter *G. scabra* (Long Dan Cao) größtenteils bei Leberproblemen.

Kurzporträt

BOTANISCHER NAME
Gentiana macrophylla

UMGANGSSPRACHLICHER NAME
Großblättriger Enzian

FAMILIE
Gentianaceae

VERWENDETE TEILE
Wurzel

GESCHMACK
Scharf, bitter

CHARAKTER
Neutral

MERIDIANE
Magen, Leber, Gallenblase

WIRKUNGSWEISE
Antibakteriell, entzündungshemmend, schmerzstillend, beruhigend, erhöht den Blutzuckerspiegel, blutdrucksenkend

TRADITIONELLE VERWENDUNG
- Wind-Feuchte beseitigen
- Hitze und Feuchte bei Yin-Mangel ableiten

TYPISCHE DOSIERUNG (CHINA)
3–9 Gramm

KOMBINATIONEN
Zusammen mit Huang Qin und Cang Zhu bei Feuchte-Hitze-Problemen und Gelbsucht; mit Dang Gui und Bai Shao Yao bei Mangelsyndromen des Blutes; mit Huo Ma Ren bei Verstopfung in Verbindung mit trockenem Darm.

GENTIANA MACROPHYLLA

Warnhinweis

Bei Harnflut (Polyurie), Durchfall oder auch bei allgemeiner Schwäche meiden.

WEI LING XIAN **Clematis chinensis**

Anders als in der Homöopathie finden die europäischen Clematisarten in der Kräuterheilkunde nur selten Verwendung. Die Chinesische Waldrebe jedoch ist in der TCM seit rund 1000 Jahren gebräuchlich. Zusammen mit Essig und braunem Zucker eingenommen, ist sie ein wertvolles Notfallhausmittel, um im Hals stecken gebliebene Gräten aufzuweichen.

Kurzporträt

BOTANISCHER NAME
Clematis chinensis

UMGANGSSPRACHLICHER NAME
Chinesische Waldrebe

FAMILIE
Ranunculaceae

VERWENDETE TEILE
Wurzel

GESCHMACK
Scharf, salzig

CHARAKTER
Warm

MERIDIANE
Harnblase

WIRKUNGSWEISE
Antibakteriell, tumorhemmend, senkt den Blutzuckerspiegel, schmerzstillend, reduziert den Harnfluss

TRADITIONELLE VERWENDUNG
- Wind und Feuchte vertreiben
- die Zirkulation des Qi in sämtlichen Meridianen anregen

TYPISCHE DOSIERUNG (CHINA)
3–12 Gramm

KOMBINATIONEN
Zusammen mit Huai Niu Xi oder Du Huo bei Gelenkschmerzen in der unteren Körperhälfte aufgrund von Wind-Feuchte; mit Kräutern, die auf die obere Körperhälfte abzielen (z. B. Qiang Huo, *Notopterygium incisium*) bei rheumatischen Schmerzen in der oberen Rückenpartie und den Schultern.

CLEMATIS CHINENSIS

Warnhinweis

Bei Mangelsyndromen des Blutes meiden.

Kräuter gegen Schleim und Feuchte

Schleim

In der TCM ist der Begriff „Schleim" wesentlich weiter gefasst als in der westlichen Lehre.

Feuchte kann in der TCM ein äußeres feuchtes „Übel" bedeuten, das zu diversen arthritischen Problemen beiträgt. Es kann aber auch eine Ansammlung von Flüssigkeiten innerhalb des Körpers meinen.

Wie andere Krankmacher ebenfalls, kann äußere Feuchte nach innen gelangen und verschiedene Syndrome hervorrufen: kombiniert mit Hitze kann sie zu schmerzhaften Harnwegsproblemen (Lin Bing), feuchten Fieberzuständen (Shi Wen) oder juckendem, mit Feuchte-Hitze verknüpftem Hautausschlag (Chuang Zhen) führen. Die Behandlung erfolgt meist mit einer Kombination aus trocknenden und die Hitze ableitenden Kräutern.

In China unterscheidet man zwischen dem sichtbaren (Auswurf) und dem unsichtbaren Schleim, der sich im Körper ansammelt und die Folge oder Ursache einer Krankheit sein kann. So etwa führt mangelndes Milz-Qi zur Entstehung von Schleim, der herzwärts wandert und eine Blockade bewirkt – eine mögliche Ursache für Herzleiden, aber auch für psychische Erkrankungen wie Schizophrenie, da sich die geistige Aktivität vor allem auf das Herz konzentriert.

Schleim und Feuchte behandeln

Um Feuchte abzuleiten, wird meist die Harnbildung angeregt – mit Kräutern wie Fu Ling, Yi Yi Ren, Mu Tong, Bei Xia, Yu Mi Xu und Ze Xie, die wir als Diuretika bezeichnen würden. Kalten oder feuchten Schleim behandelt man mit wärmenden Kräutern. Kalter Schleim befällt häufig den Magen und äußert sich als Übelkeit und Erbrechen, weshalb viele der verwendeten Kräuter wie Ban Xia, Xuan Fu Hua, Jie Geng, Xing Ren, Kuan Dong Hua, Zi Su Zi und Sang Bai Pi auch bei Verdauungsbeschwerden zum Einsatz kommen.

Heißer oder trockener Schleim erfordert kühle Kräuter. Da meist die Lunge betroffen ist, verwendet man oftmals solche Arzneien, die gegen Hustenreiz wirken und schleimlösend sind. Hierzu zählen Chuan Bei Mu, Zhe Bai Mu, verschiedene Bambusextrakte und Teile des Schlangenkürbis (*Trichosanthes kirilowii*).

Weitere Informationen

Ban Xia, siehe Seite 179; **Chuan Bei Mu,** Seite 194; **Fu Ling,** Seite 174; **Jie Geng,** Seite 191; **Sang Bai Pi,** Seite 163; **Xuan Fu Hua,** Seite 198; **Yi Yi Ren,** Seite 175; **Ze Xie,** Seite 178; **Zhe Bei Mu,** Seite 195; **Lunge,** Seite 192–193; **Milz,** Seite 176–177.

FU LING

Wolfiporia cocos Als einer von zahlreichen Pilzen, die in der TCM Verwendung finden, ist Fu Ling als harntreibendes Mittel (Diuretikum) besonders wirksam. Außer dem eigentlichen Pilz wird auch die braune Haut (Fu Ling Pi) ausschließlich als Diuretikum eingesetzt, während man den zentralen Teil des Sklerotiums bisweilen als Fu Shen zur Stärkung und Beruhigung des Herzens verwendet.

Kurzporträt

BOTANISCHER NAME
Wolfiporia cocos

UMGANGSSPRACHLICHER NAME
Kokospilz, Kiefernschwamm

FAMILIE Polyporaceae

VERWENDETE TEILE
Sklerotium des meist auf Kiefernwurzeln wachsenden Pilzes

GESCHMACK
Süß, neutral

CHARAKTER
Neutral

MERIDIANE
Lunge, Milz, Herz, Harnblase

WIRKUNGSWEISE
Harntreibend, beruhigend, senkt den Blutzuckerspiegel

TRADITIONELLE VERWENDUNG
- Feuchte ableiten, den Wasserhaushalt regulieren
- Milz, Magen und mittleres Jiao kräftigen, Schleim umwandeln
- das Herz beruhigen und den Geist (Shen) besänftigen

TYPISCHE DOSIERUNG (CHINA)
6–18 Gramm

KOMBINATIONEN
Zusammen mit Ze Xie, Bai Zhu und Gui Zhi etwa bei vermindertem Harnfluss, Ödem oder schmerzhaften Harnwegsproblemen; mit Ban Xia, Chen Pi und Sheng Jiang bei Schleim- und Flüssigkeitsproblemen mit nachfolgender Bauchauftreibung; mit Gan Cao bei Milz- und Herzmangel; mit Suan Zao Ren und Wu Wei Zi bei Herzklopfen sowie bei Schlaflosigkeit.

WOLFIPORIA COCOS

Warnhinweis

Bei übermäßigem Harnfluss und Prolaps der Urogenitalorgane meiden.

YI YI REN Coix lachryma-jobi

Hiobstränensamen (Yi Yi Ren) können zur Zubereitung von Suppen und Eintöpfen ähnlich verwendet werden wie Perlgraupen. Shen Nong spricht von einem süßen Stärkungsmittel, das den Sehnen hilft, sich zusammenzuziehen und zu strecken und das gegen Wind-Feuchte wirkt. Unter dem alternativen Namen Jie Le empfiehlt er die Wurzel gegen Darmwürmer.

Kurzporträt

Botanischer Name
Coix lachryma-jobi

Umgangssprachlicher Name
Hiobsträne, Perlengerste

Familie
Graminae/Poaceae

Verwendete Teile
Samen

Geschmack
Süß

Charakter
Kühl

Meridiane
Milz, Magen, Lunge, Dickdarm

Wirkungsweise
Muskelentspannend, tumorhemmend, schmerzstillend, beruhigend, senkt den Blutzuckerspiegel, fiebersenkend

Traditionelle Verwendung
- Feuchte auflösen und den Wasserhaushalt regulieren
- die Milz kräftigen, Durchfall beenden sowie Entzündungen und Eiter ableiten
- Blockaden verursachende Wind-Kälte vertreiben sowie Feuchte-Hitze ableiten

Typische Dosierung (China)
9–30 Gramm

Kombinationen
Zusammen mit Fu Ling und Bai Zhu gegen Durchfall mit Milzmangel; mit Ma Huang, Xing Ren, Shi Gao (Gips) und Gan Cao im Ma Xing Shi Gan Tang bei Wind-Feuchte-Problemen und asthmatischen Leiden; mit Ban Xia, Hou Po (*Magnolia officinalis*), Xing Ren und anderen Kräutern im San Ren Tang bei Hitze-Feuchte-Problemen durch Qi-Schwäche.

COIX LACHRYMA-JOBI

Warnhinweis

Während der Schwangerschaft meiden.

Milz und Magen

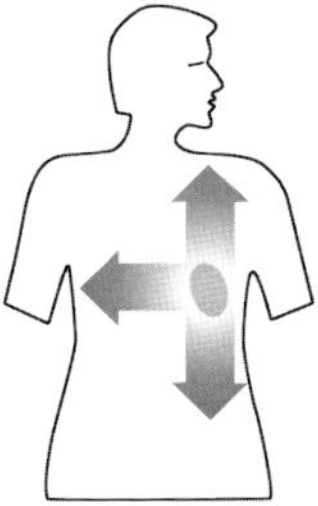

Nahrungsessenz
Die Milz verteilt die Nahrungsessenz, indem sie die Nieren mit Wasser und den Körper mit Nährstoffen versorgt.

Die Milz (Pi) ist eines der fünf Festorgane (Zang) und besitzt in der TCM einige ungewöhnlich erscheinende Aufgaben. Demnach ist sie von zentraler Bedeutung für die Verdauung und die Muskelentwicklung.

Die traditionelle Annahme besagt, dass die Milz die zugeführten Nährstoffe absorbiert und daraufhin die Verteilung dieser „Nahrungsessenz" im Körper anregt. Bei starkem Milz-Qi funktionieren Verdauung und Nährstoffverteilung und der Körper ist gesund. In gleicher Weise wird das aus der Nahrung gewonnene Wasser von der Milz bis zu den Nieren befördert. Dieser Bezug zur Ernährung erklärt auch, warum man die Milz für die Entstehung kräftiger Glieder und Muskeln verantwortlich macht.

Da die Milz Gliedmaßen und Fleisch kontrolliert, können schmerzende oder geschwächte Muskeln auf einen Milzmangel hindeuten.

Auch bei den geistigen Aktivitäten spielt die Milz eine Rolle. Insbesondere ist sie für das „Yi" verantwortlich, das so viel bedeutet wie Absicht, Willenskraft, Entschlossenheit oder die Bewusstheit der uns offen stehenden Möglichkeiten, Änderungen in unserem Leben vorzunehmen.

Assoziiertes Hohlorgan (Fu)

Als Partner der Milz nimmt der Magen die Nahrung auf, um sie zu verdauen. In der TCM gilt er als Reservoir von Nahrung und Wasser. Wie wirksam er den Verdauungsvorgang einleitet, hängt vom Magen-Qi ab: bei starkem Qi wird der „trübe" Nahrungsbestandteil zum

Dünndarm geschwemmt; schwaches Qi jedoch führt zu Stockungen.

Mehr noch als die anderen Zang-Fu-Paare werden Milz und Magen so stark miteinander verknüpft, dass beide Begriffe einander bisweilen ersetzen. Der Magen beherrscht die „absteigenden" Aktivitäten, während die Milz die „aufsteigenden" Tätigkeiten kontrolliert: Der Magen sendet Nährstoffe und Schlacken nach unten. Unterdessen befördert die Milz Wasser nach oben und besitzt eine Aversion gegen Feuchte.

Aufgaben der Milz

Der Milz sagt man nach, dass sie:

- die Verdauung regelt
- Glieder und Fleisch kontrolliert
- das Blut in den Gefäßen hält
- Absicht oder Entschlossenheit speichert
- mit dem Mund/Appetit verknüpft ist
- sich in den Lippen widerspiegelt

ZE XIE

Alisma plantago-aquatica Shen Nong zählt Ze Xie zu den „überlegenen Kräutern" und schreibt ihm die Fähigkeit zu, „das Qi zu verstärken ... fett und stark zu machen", das Leben zu verlängern und zu „befähigen, auf dem Wasser zu gehen". Heute jedoch übt man sich in Bescheidenheit: Ze Xie ist ein wirksames harntreibendes und die Leber stärkendes Mittel.

Kurzporträt

BOTANISCHER NAME
Alisma plantago-aquatica

UMGANGSSPRACHLICHER NAME
Orient-Froschlöffel

FAMILIE
Alismataceae

VERWENDETE TEILE
Knolle

GESCHMACK
Süß

CHARAKTER
Kalt

MERIDIANE
Nieren, Harnblase

WIRKUNGSWEISE
Antibakteriell, harntreibend, blutdrucksenkend, reduziert Blutzucker- und Cholesterinspiegel

TRADITIONELLE VERWENDUNG
- den Wasserhaushalt regulieren und Feuchte auflösen
- Hitze und Feuchte im unteren Jiao beseitigen

TYPISCHE DOSIERUNG (CHINA)
3–12 Gramm

KOMBINATIONEN
Zusammen mit Ban Xia gegen Feuchte im mittleren Jiao in Verbindung mit Harnwegsproblemen und Bauchauftreibung; mit Shu Di Huang, Shan Zhu Yu, Shan Yao (Yams, *Dioscorea opposita*), Mu Dan Pi und Fu Ling im Liu Wei Di Huang Wan zur Stärkung des Leber- und Nieren-Yin.

ALISMA PLANTAGO-AQUATICA

Warnhinweis

Meiden bei mangelndem Nieren-Yang (siehe Seite 68–69).

BAN XIA **Pinellia ternata**

Ban Xia bedeutet „Mittsommer" – ein passender Name, da die Pflanze traditionell in dieser Zeit geerntet wird. Im *Shen Nong Ben Cao Jiang* wird sie zur Behandlung von „Kälteschäden" und „Darmgrollen" empfohlen. Meist weicht man das giftige Gewächs zunächst in Tee oder Essig ein, um die stärkeren Inhaltsstoffe zu neutralisieren.

Kurzporträt

BOTANISCHER NAME
Pinellia ternata

UMGANGSSPRACHLICHER NAME
Pinellia, Mittsommerpflanze

FAMILIE Araceae

VERWENDETE TEILE
Knolle

GESCHMACK
Scharf

CHARAKTER
Warm

MERIDIANE
Lunge, Milz, Magen

WIRKUNGSWEISE
Bekämpft Übelkeit und Erbrechen, lindert Husten, schleimlösend, senkt den Cholesterinspiegel; Gegenmittel bei Strychninvergiftung; soll einer Studie zufolge Zahnschmerzen lindern

TRADITIONELLE VERWENDUNG
- Schleim und Feuchte ableiten
- Knoten und Schwellungen auflösen
- den Qi-Fluss umkehren

TYPISCHE DOSIERUNG (CHINA)
6–9 Gramm

KOMBINATIONEN
Zusammen mit Alaun, Süßholz und Calciumcarbonat als Fa Ban Xia gegen Schleim; mit Alaun und Ingwer als Jiang Ban Xia gegen Übelkeit und Erbrechen; kombiniert mit Chen Pi gegen Übelkeit und Erbrechen aufgrund von unausgeglichenem Magen-Qi; mit Huang Lian gegen Bauchauftreibung durch in den Magen eindringende Hitze- und Kälte-Übel.

PINELLIA TERNATA

Warnhinweis

In der Schwangerschaft und bei Blutproblemen meiden.

Dreifach-Erwärmer (San Jiao)

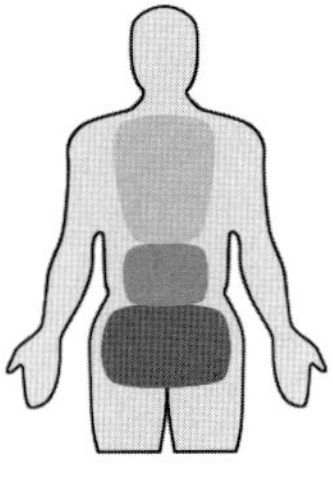

Dreifach-Erwärmer
Das San Jiao lässt sich in drei Abschnitte unterteilen, die der unteren, mittleren und oberen Rumpfpartie entsprechen.

Das San Jiao – meist als Dreifach-Erwärmer übersetzt – ist ein Begriff, der in die Zeit des Gelben Kaisers zurückreicht und den Versuch darstellt, die Verdauungstätigkeit des Körpers zu veranschaulichen.

Dieses Organ wird im Modell der fünf Wandlungsphasen (siehe Seite 38) gelegentlich neben Magen, Dickdarm, Dünndarm, Gallenblase und Harnblase als sechstes Fu- oder Yang-Hohlorgan aufgeführt. Das korrespondierende Zang-Organ ist der Herzbeutel.

Das San Jiao wird als gestaltloses Kanalisationssystem beschrieben, das Nährstoffe transportiert und transformiert und zugleich Schlacken ausscheidet; gemäß anderen alten Texten soll es verschiedene Arten des Qi unterstützen. Bisweilen als „Name ohne Gestalt" bezeichnet, besitzt das San Jiao in der Tat jenseits der funktionalen Beziehungen zwischen den miteinander verknüpften Organen keine fassliche Existenz.

Das San Jiao ist kein leicht verständlicher Begriff, denn es beinhaltet neben der anatomischen Lage diverser Organe auch eine Vorstellung über die Verdauungstätigkeit, die kaum Ähnlichkeiten zu unserem heutigen Verständnis der menschlichen Physiologie aufweist. Am besten betrachtet man das San Jiao als Verallgemeinerung innerer Vorgänge in Bezug auf Wasserhaushalt und Verdauung. Seine drei Bestandteile sind:

- Das obere Jiao – der Brustraum oberhalb des Zwerchfells, assoziiert mit Herz und Lunge.
- Das mittlere Jiao – zwischen Zwerchfell und Nabel, als Spiegelbild der Funktion von Milz und Magen.

• Das untere Jiao – unterhalb des Nabels, assoziiert mit Nieren und Harnblase; umfasst auch die Leber wegen des Verlaufs des Lebermeridians, nicht wegen der Lage des Organs.

Arzneien für das San Jiao

Viele Kräuter können das bei diversen Leiden beeinträchtigte San Jiao stärken. Äußere Wind-Hitze kann Kopfschmerzen und Fieber hervorrufen, während Feuchte im mittleren Jiao (Zhong Jiao) oft mit träger Verdauung einhergeht.

Bu Zhong Yi Qi Tang

Diese Abkochung verwendet man bei geschwächter Funktion von Milz und Magen und zur Stärkung des (mit dem San Jiao assoziierten) Yang.

Huang Qi 6 Gramm;
Ren Shen 6 Gramm;
Bai Zhu 9 Gramm;
Gan Cao 3 Gramm;
Dang Gui 6 Gramm;
Sheng Ma 3 Gramm;
Chai Hu 6 Gramm;
Chen Pi 6 Gramm.

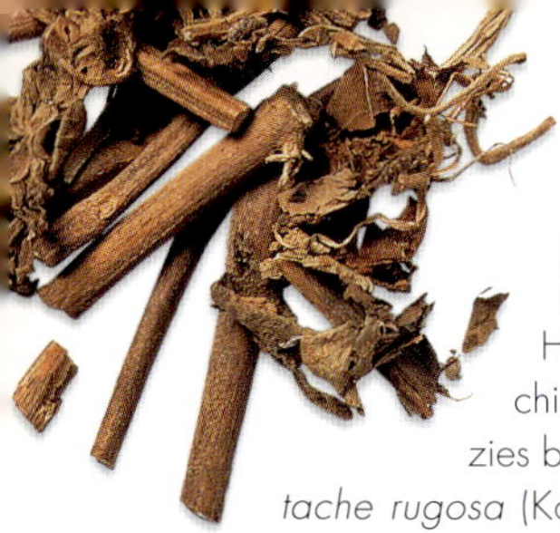

HUO XIANG Pogostemon cablin

Huo Xiang ist ein Beispiel dafür, dass viele Namen chinesischer Heilpflanzen sich auf mehr als eine Spezies beziehen können, denn Huo Xiang kann auch *Agastache rugosa* (Koreanische Minze) meinen. Huo Xiang wird seit mehr als 2500 Jahren genutzt und stets als aromatische Pflanze zum Ableiten von Feuchte eingestuft.

Kurzporträt

BOTANISCHER NAME
Pogostemon cablin

UMGANGSSPRACHLICHER NAME
Patschuli

FAMILIE
Labiatae/Lamiaceae

VERWENDETE TEILE
Oberirdische Teile

GESCHMACK
Scharf

CHARAKTER
Leicht warm

MERIDIANE
Lunge, Milz, Magen

WIRKUNGSWEISE
Antibakteriell, antimykotisch, schweißtreibend, stärkt die Verdauung

TRADITIONELLE VERWENDUNG
- Feuchte in Milz und Magen umwandeln
- das mittlere Jiao harmonisieren, Brechreiz bekämpfen
- Kälte vertreiben

TYPISCHE DOSIERUNG (CHINA)
3–9 Gramm

KOMBINATIONEN
Zusammen mit Huo Po (*Magnolia officinalis*), Chen Pi, Bai Zhi, Zi Su Ye, Fu Ling, Bai Zhu, Jie Geng und anderen Kräutern im Huo Xiang Zheng Qi San gegen innere Feuchte mit Wind-Kälte bei Verdauungsbeschwerden mit Durchfall; mit Huang Qin, Lian Qiao, Chuan Bei Mu, Bo He und weiteren Kräutern im Gan Lu Xiao Du Dan zum Ableiten innerer Feuchte und Hitze bei Fieber und akuter Gastroenteritis.

POGOSTEMON CABLIN

Warnhinweis

Meiden bei Yin-Mangel (siehe Seite 68–69) und Magen-Feuer.

ROU DOU KOU

Myristica fragrans Wer die Muskatnuss allein als Küchengewürz kennt, wird überrascht sein, dass sie in hoher Dosierung zum Delirium führen kann. Um 600 n. Chr. von Zhen Quan im *Yao Xing Ben Cao* (*Materia Medica der medizinischen Eigenschaften*) erstmals erwähnt, wird die Muskatnuss seither als Verdauungshilfe für Milz und Magen verwendet.

Kurzporträt

BOTANISCHER NAME
Myristica fragrans

UMGANGSSPRACHLICHER NAME
Muskatnuss

FAMILIE
Myristaceae

VERWENDETE TEILE
Samen (Nüsse)

GESCHMACK
Scharf

CHARAKTER
Warm

MERIDIANE
Milz, Magen, Dickdarm

WIRKUNGSWEISE
Krampflösend, wirkt gegen Übelkeit und Erbrechen, appetitfördernd, entzündungshemmend, lindert Blähungen, regt die Verdauung an

TRADITIONELLE VERWENDUNG
- Darmleckagen eindämmen und Durchfall beenden
- Milz, Magen und mittleres Jiao wärmen, den Qi-Fluss regulieren

TYPISCHE DOSIERUNG (CHINA)
1–6 Gramm

KOMBINATIONEN
Zusammen mit Bu Gu Zhi, Wu Zhu Yu, Wu Wei Zi, Sheng Jiang und Da Zao im Si Shen Wan gegen Morgendurchfall mit Nieren- und Milzmangel; mit Dang Shen, Bai Zhu und Gan Jiang oder mit Ban Xia und Gan Jiang bei kältebedingtem Milz- und Magenmangel in Form von chronischem Durchfall mit Appetitlosigkeit.

MYRISTICA FRAGRANS

Warnhinweis

Bei durch Hitze verursachtem Durchfall meiden. Hohe Einzeldosen (7,5 Gramm) können Benommenheit, Krampfanfälle und Halluzinationen hervorrufen. In der Schwangerschaft meiden.

Nahrungsstockung

„Kalte" Speisen

Nahrungsstockung kann mit einer Vorliebe für „kalte" Speisen wie Fisch, Muscheln, Eis und gekühlte Getränke einhergehen.

In der TCM bezeichnet Nahrungsstockung ein Syndrom, das komplexer und breiter gefasst ist als unser Begriff der Verdauungsstörung. Sie wird nämlich mit einem stagnierendem Qi verbunden, das durch emotionales Ungleichgewicht, aber auch durch falsche Ernährung oder Essgewohnheiten wie zu hastige oder üppige Mahlzeiten entstehen kann.

Die Stockung heißer Nahrung geht mit schlechtem Atem, Bauchauftreibung und einer Vorliebe für kalte Speisen einher. Meist wird sie durch äußere Übel verursacht, die Milz und Magen beeinträchtigen. In der Regel behandelt man dies mit kühlenden Kräutern, um die Hitze abzuleiten.

Die Stockung kalter Nahrung kann mit Milz- oder Magenmangel verknüpft sein oder mit einer Attacke äußerer Kälte durch den Verzehr von kalten Speisen.

Kennzeichnend sind Übelkeit, vermehrter Speichelfluss oder das Aufstoßen klarer Flüssigkeiten, Bauchauftreibung und eine Vorliebe für heiße Speisen und Getränke. Folgende Arzneien kommen zum Einsatz: Shan Zha; Mai Ya (Gerstenkeime, *Hordeum vulgare*); Gu Ya (gekeimter Reis, *Oryza sativa*); Shen Qu – eine sehr variable fermentierte Mixtur aus Weizenmehl plus diversen Kräutern und Bohnen wie Cang Er Zi, Qing Hao (*Artemisia annua*), Xing Ren, Azukibohnen (*Phaseolus celcaratus*) und Wasserpfeffer (*Polygonum hydropiper*); sowie Lai Fu Zi (Rettichsamen, *Raphanus sativus*), die das Qi abwärts leiten und Schleim umwandeln.

Bao He Wan

Diese Pillen sollen die Verdauungstätigkeit des Magens verbessern und stockende Nahrung ableiten. Das Grundrezept lässt sich durch weitere kalte und bittere Kräuter aufwerten, meist durch Huang Qin und Huang Lian bei Stockung heißer Nahrung und schlechtem Atem. Bao He Wan besteht aus:

Shan Zha 9 Gramm;
Shen Qu 6 Gramm;
Lai Fu Zi 9 Gramm;
Ban Xia 6 Gramm;
Chen Pi 3 Gramm;
Fu Ling 6 Gramm;
Lian Qiao 6 Gramm.

Bei gleichzeitiger Verstopfung kann Da Huang hinzugefügt werden, bei starker Bauchauftreibung Zhi Shi (unreife Zitrusfrüchte, *Citrus aurantium*) und Hou Po.

Weitere Informationen

Ban Xia, siehe Seite 179; **Cang Er Zi,** Seite 166; **Chen Pi,** Seite 82; **Da Huang,** Seite 154; **Fu Ling,** Seite 174; **Lian Qiao,** Seite 143; **Shan Zha,** Seite 186.

SHAN ZHA Crataegus pinnatifida

Weißdorn verwendet man im Westen vor allem als Herztonikum und zur Normalisierung des Blutdrucks. Die eng verwandte chinesische Art gilt als Verdauungshilfe und wird häufig eingesetzt, um der Nahrungsstockung zu begegnen. Erstmals in einem Kräuterbrevier aus dem 14. Jahrhundert erwähnt, dem *Ben Cao Yan Yi Bu Yi* von Zhu Zhen Heng, gilt der Fiederweißdorn außerdem als kreislaufanregend.

Kurzporträt

BOTANISCHER NAME
Crataegus pinnatifida

UMGANGSSPRACHLICHER NAME
Fiederweißdorn

FAMILIE
Rosaceae

VERWENDETE TEILE
Früchte (Beeren)

GESCHMACK
Süßsauer

CHARAKTER
Leicht warm

MERIDIANE
Milz, Magen, Leber

WIRKUNGSWEISE
Antibakteriell, blutdrucksenkend, gefäßerweiternd, stärkt das Herz, senkt den Cholesterinspiegel

TRADITIONELLE VERWENDUNG
- Nahrungsstockung beseitigen, die Verdauung fördern
- den Kreislauf anregen und stockendes Blut ableiten

TYPISCHE DOSIERUNG (CHINA)
9–15 Gramm

KOMBINATIONEN
Zusammen mit Rou Dou Gou und Helmbohnen (Bian Dou, *Dolichos lablab*) bei Bauchauftreibung und Durchfall in Verbindung mit Nahrungsstockung; mit Dan Shen bei Brustschmerzen mit Blutstockung im Herzmeridian; mit Chuan Xiong und Dang Shen bei durch stockendes Blut verursachten Schmerzen während der Menstruation oder nach der Entbindung.

CRATAEGUS PINNATIFIDA

Warnhinweis

Bei Milz- und Magenmangel oder saurem Aufstoßen mit Vorsicht verwenden.

CANG ZHU Atractylodes chinensis

Cang Zhu ist eines der wichtigsten Kräuter zum Ableiten von äußerer wie von innerer, mit der Milz verknüpfter Feuchte. Erstmalig erwähnt wird die Pflanze im *Zheng Lei Ben Cao*, einer um 1082 n. Chr. von Tang Shen Wei verfassten Systematik. Li Shi Zhen, ein berühmter Kräuterheilkundler des 16. Jahrhunderts, empfahl das Ausräuchern mit Cang Zhu als epidemiologische Prophylaxe.

Kurzporträt

BOTANISCHER NAME
Atractylodes chinensis

UMGANGSSPRACHLICHER NAME
Speichelkraut

FAMILIE Compositae

VERWENDETE TEILE
Wurzelstock

GESCHMACK
Scharf, bitter

CHARAKTER
Warm

MERIDIANE
Milz, Magen

WIRKUNGSWEISE
Lindert Blähungen und Verdauungsstörungen, schweißtreibend; erhöht die Ausscheidung von Natrium- und Kaliumsalzen, ohne harntreibend zu wirken

TRADITIONELLE VERWENDUNG
- Feuchte austrocknen und die Milz stärken
- äußeren Wind, Kälte und Feuchte vertreiben
- Feuchte aus dem San Jiao ableiten

TYPISCHE DOSIERUNG (CHINA)
3–9 Gramm

KOMBINATIONEN
Zusammen mit Hou Po und Chen Pi im Ping Wei San gegen durch Feuchte in der Milz verursachte schwere Verdauungsstörung mit Durchfall; auch mit Ze Xie, Fu Ling, Gui Zhi, Hou Po, Chen Pi und anderen Kräutern im Wei Ling Tang zur Regulierung des Milz- und Magen-Qi und zum Ableiten aufgestauter Feuchte.

ATRACTYLODES CHINENSIS

Warnhinweis

Meiden bei mit innerer Hitze verbundenem Qi- oder Yin-Mangel (siehe Seite 68–69/80–89).

Feuchte- und Schleimsyndrome

Galgant
Bereits die deutsche Mystikerin Hildegard von Bingen (1098–1179) nutzte Galgant zur Behandlung von Herzleiden wie Angina pectoris.

Die Ansammlung von Flüssigkeiten durch übermäßige Feuchte gilt in der TCM als Ursache beispielsweise für Ödeme und diverse Atemwegs- oder Verdauungsprobleme.

Schleim, gewissermaßen eine komplexere Variante der Feuchte, ist die Ansammlung verdickter Flüssigkeiten in Atemwegen oder im Verdauungssystem. Die Schleimbildung verbindet man mit der Aufgabe der Milz, die während der Verdauung entstehenden klaren und trüben Flüssigkeiten voneinander zu scheiden. Schleim wird häufig in der Lunge gespeichert und zeigt sich daher in Form von Husten und Auswurf. Auch Asthma ist mit übermäßiger Schleimbildung assoziiert, weshalb man in China das charakteristische Giemen des Asthmatikers als „Klang des Schleims" bezeichnet.

Typische Zeichen des Schleimsyndroms sind ein dicker, schmieriger Zungenbelag und ein „schlüpfriger" oder „drahtiger" Puls. Die weiteren Symptome hängen davon ab, wo der Schleim sich konzentriert: Im Magen führt er zu Übelkeit und Erbrechen, in der Lunge zu Husten und Kurzatmigkeit, im Herzen zu Herzbeschwerden oder geistiger Verwirrung und Ähnlichem.

Schleim im Herzmeridian

In der TCM ist dies eine der möglichen Ursachen für Herzinfarkt und Angina pectoris. Die Behandlung zielt darauf ab, die Milzfunktion zu regulieren, um den Schleim aufzulösen und ihn mit Hilfe aromatischer Kräuter abzuleiten. Verwendet werden Kräuter wie Ban Xia, Chen Pi, Zhi Ke (*Citrus aurantium*), Hou Po (*Magnolia officinalis*), Fu Ling und Bai Zhu, also vornehmlich Verdauungshilfen, um die Tätigkeit der Milz zu normalisieren und Feuchte abzuleiten.

Bei Angina pectoris werden als Schmerzmittel auch Pillen aus Yan Hu Suo, Gao Liang Jiang, Bi Ba (*Piper longum*), Tan Xiang (Sandelholz, *Santalum album*) und weiteren Kräutern verordnet. Galgant (Gao Liang Jiang) wurde bereits von Hildegard von Bingen in gleicher Weise verwendet.

Weitere Informationen

Bai Zhu, Seite 94; **Ban Xia,** Seite 179; **Chen Pi,** Seite 82; **Fu Ling,** Seite 174; **Herz,** Seite 108–109; **Körperflüssigkeiten** (Jin-Ye), siehe Seite 100 bis 101; **Lunge,** Seite 192–193; **Milz und Magen,** Seite 176–177; **Yan Hu Suo,** Seite 107.

BAI GUO **Ginkgo biloba**

Ginkgoblätter erfreuen sich hierzulande seit rund zehn Jahren zunehmender Beliebtheit als Kreislaufmittel, das für diverse Beschwerden wie Krampfadern und Arterienverhärtung empfohlen wird. In China verwendet man allein die Samen – unter verschiedenen Namen wie Bai Guo, Yin Xing oder Yin Guo, die gewöhnlich alle mit „weiße Samen" übersetzt werden. In dem 1350 von Wu Rui verfassten *Ri Yong Ben Cao (Verzeichnis der Hausmittel)* wird die Pflanze erstmals erwähnt.

Kurzporträt

BOTANISCHER NAME
Ginkgo biloba

UMGANGSSPRACHLICHER NAME
Ginkgo, Ginkgobaum

FAMILIE
Ginkgoaceae

VERWENDETE TEILE
Samen

GESCHMACK
Bittersüß, zusammenziehend

CHARAKTER
Neutral

MERIDIANE
Lunge, Nieren

WIRKUNGSWEISE
Zusammenziehend, antimykotisch, antibakteriell

TRADITIONELLE VERWENDUNG
- das Lungen-Qi festigen, Asthma lindern
- Ausfluss beenden (Adstringens)
- das untere Jiao stabilisieren

TYPISCHE DOSIERUNG (CHINA)
6–9 Gramm

KOMBINATIONEN
Zusammen mit Ma Huang, Xuan Dong Hua, Zi Su Zi (Schwarznesselsamen, *Perilla frutescens*), Xing Ren, Sang Bai Pi, Huang Qin, Ban Xia und Gan Cao im Ding Chuan Tang gegen Hitze in der Lunge und bei asthmatischen Leiden; mit Huang Bai und anderen Kräutern bei Scheidenausfluss in Verbindung mit Feuchte-Hitze.

GINKGO BILOBA

Warnhinweis

Bei Übermaß (Shi)-Syndromen meiden. Leicht toxisch, daher nicht über einen längeren Zeitraum einnehmen. Überdosierung kann Kopfschmerzen und Zittern hervorrufen – als Gegenmittel verwendet man Gan Cao plus Ginkgohülsen.

JIE GENG Platycodon grandiflorum

Mit ihren auffallend blauen oder weißen Blüten, die einem Ballon gleichen, bevor sie sich ganz öffnen, ist die Ballonblume bei uns eine beliebte Gartenzierpflanze. In der chinesischen Heilkunde wird ihre Wurzel jedoch seit der Zeit Shen Nongs als Hustenmittel verwendet; er empfiehlt sie bei „Schmerzen in Brust und Rippen wie durch den Stich eines Messers" und bei „fortdauerndem Grollen des Gedärms".

Kurzporträt

BOTANISCHER NAME
Platycodon grandiflorum

UMGANGSSPRACHLICHER NAME
Ballonblume

FAMILIE
Campanulaceae

VERWENDETE TEILE
Wurzel

GESCHMACK
Scharf, bitter

CHARAKTER
Neutral

MERIDIANE
Lunge

WIRKUNGSWEISE
Antimykotisch, antibakteriell, schleimlösend, senkt den Blutzucker- und den Cholesterinspiegel

TRADITIONELLE VERWENDUNG
- das Lungen-Qi anregen
- durch Wind-Kälte und Wind-Hitze verursachten Schleim vertreiben
- andere Kräuter aufwärts leiten
- Eiter in der Lunge oder bei Halsabszessen ableiten

TYPISCHE DOSIERUNG (CHINA)
3–9 Gramm

KOMBINATIONEN
Zusammen mit Sang Ye, Ju Hua, Bo He und Gan Cao im Sang Ju Yin gegen Husten und Erkältung; mit Ban Xia bei Husten in Verbindung mit äußerer Wind-Kälte oder chronischen Problemen durch feuchten Schleim; mit Bai Zhu bei eitrigen Abszessen; mit Yi Yi Ren bei Lungenabszess; mit Gan Cao bei Halsentzündung und Heiserkeit durch Wind-Hitze.

PLATYCODON GRANDIFLORUM

Warnhinweis

Bei Tuberkulose und blutigem Auswurf meiden.

Lunge

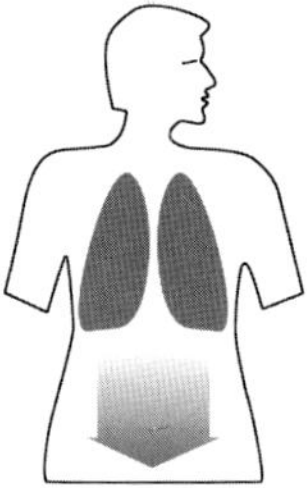

Wasserhaushalt
In der TCM ist die Lunge eng mit dem Wasserhaushalt assoziiert.

Wie die Milz wird auch die Lunge (Fei) zu den Festorganen (Zang) gezählt und eng mit Körpersäften und Wasserhaushalt verknüpft.

In der TCM ist die Lunge neben zahlreichen anderen Aufgaben auch für die Atmung verantwortlich. Die ayurvedische Medizin assoziiert den Atem mit der Lebensenergie, die durch Atemübungen gestärkt werden kann. Das chinesische Qigong dient in ähnlicher Weise dazu, die Energieebenen durch bessere Atemkontrolle zu kräftigen. Angesichts dieser Verknüpfung erscheint die Annahme, dass die Lunge das Qi kontrolliert, recht logisch.

Die Lunge verbindet man vor allem mit dem Abwehr-Qi (Wei Qi), das sie an die Körperoberfläche befördert, um eindringende Übel abzuwehren.

Da das Lungen-Qi nach unten wandert, fördert es den Fluss von Wasser und Körpersäften (Jin-Ye) zu den Nieren und zur Harnblase, weshalb in der TCM Lungenprobleme häufig etwa für Ödeme verantwortlich gemacht werden.

Logischerweise ist die Lunge auch mit Nase und Geruchssinn verbunden, während die Verbindung zwischen Wei Qi und Oberflächenenergie zu der Ansicht führt, dass man die Lunge in der Haut und den Körperhaaren erblickt.

Ähnlich den übrigen Zang-Organen besitzt auch die Lunge einen spirituellen Aspekt. Dieses auch mit „Vitalität" übersetzte *Po* ist mehr mit der physischen Seite der Konzentration assoziiert als mit den eigentlichen Gedankenprozessen.

Dickdarm

Der ebenfalls mit der Lunge verknüpfte Dickdarm (Da Chang) dient wie die übrigen Hohlorgane (Fu) vor allem dem Transport und der Umwandlung der Nahrung, indem er die festen Ausscheidungen verdichtet oder – wie es heißt – „die Körpersäfte beherrscht".

Wenn der Dickdarm nicht genügend Feuchtigkeit rückresorbieren kann, entsteht ein wässriger Stuhl (Durchfall). Dagegen glaubt man, dass Blockaden im Dickdarm, etwa bei Verstopfung, die Ableitungsfunktion des Lungen-Qi beeinträchtigen.

Aufgaben der Lunge

In der TCM soll die Lunge:

- das Qi kontrollieren
- für die Atmung verantwortlich sein
- die Ableitung der Körpersäfte aufrecht erhalten und den Wasserkreislauf regulieren
- Vitalität bzw. „animalische Energie" speichern
- mit der Nase verbunden sein
- in Haut und Haaren erblickt werden können

CHUAN BEI MU **Fritillaria cirrhosa**

Erst um 1750 während der Qing-Dynastie (1644–1911) eingeführt, ist Chuan Bei Mu eine vergleichsweise neue Entdeckung der TCM. Sie wirkt wie Zhe Bei Mu (siehe Seite 195), ist aber nahrhafter und befeuchtet die Lunge besser, weshalb man sie meist bei chronischen Atemwegsproblemen wie Tuberkulose und bei weitgehend trockenem Husten einsetzt. Bei chinesischen Pflanzennamen gibt das Element „Chuan" meist an, dass das Gewächs aus der Provinz Szechuan stammt (auch Szechwan oder Sichuan geschrieben).

Kurzporträt

Botanischer Name
Fritillaria cirrhosa

Umgangssprachlicher Name
Szechuan-Schachblume

Familie
Liliaceae/Aloaceae

Verwendete Teile
Zwiebel

Geschmack
Bittersüß

Charakter
Leicht kalt

Meridiane
Lunge, Herz

Wirkungsweise
Lindert Husten, blutdrucksenkend, muskelentspannend

Traditionelle Verwendung
- Schleim auflösen und Husten lindern
- die Lunge nähren und befeuchten
- Knoten und harte Schwellungen beheben

Typische Dosierung (China)
3–9 Gramm

Kombinationen
Zusammen mit Fu Ling und anderen Kräutern gegen schmerzhafte Blockaden in Verbindung mit Stockungen in den Meridianen; mit Zhe Bei Mu gegen Abszesse; mit Xing Ren gegen Husten und Keuchen mit starkem Auswurf.

FRITILLARIA CIRRHOSA

Warnhinweis

Bei mangelbedingten Milz- oder Magensyndromen meiden.

ZHE BEI MU Fritillaria verticillata

Zhe Bei Mu ist eines der wichtigsten Kräuter zum Ableiten von heißem Schleim, der für Lungenprobleme und Husten mit zähem gelblichem Auswurf verantwortlich ist. Stärker wirkend als Chuan Bei Mu (siehe Seite 194), ist es bei Asthma und Bronchitis sowie zur Auflösung harter Schwellungen geeignet, darüber hinaus zur Behandlung von Brustkrebs.

Kurzporträt

Botanischer Name
Fritillaria verticillata

Umgangssprachlicher Name
Kaiserkrone

Familie
Liliaceae/Aloaceae

Verwendete Teile
Zwiebel

Geschmack
Bitter

Charakter
Kalt

Meridiane
Lunge, Herz

Wirkungsweise
Lindert Husten, blutdrucksenkend, muskelentspannend

Traditionelle Verwendung
- Hitze und Schleim ableiten und umwandeln
- Husten abklingen lassen
- harte Knoten und Schwellungen auflösen

Typische Dosierung (China)
3–9 Gramm

Kombinationen
Zusammen mit Lian Qiao und Niu Bang Zi bei akutem Husten mit äußerer Wind-Hitze; mit Xuan Shen und Xia Ku Cao bei Abszessen und Schwellungen mit Schleim-Feuer; mit Jin Yin Hua, Pu Gong Ying und Ju Hua bei Abszessen und Schwellungen durch Feuer-Gifte; mit Yi Yi Ren und anderen Kräutern bei Lungenabszessen.

FRITILLARIA VERTICILLATA

Warnhinweis

Bei Mangelerscheinungen der Milz meiden.

Lungenleiden behandeln

Pinellia
Als warme Arznei trägt Ban Xia (Pinellia) dazu bei, innere Kälte abzuleiten und Nase und Bronchien zu befreien.

Da die Lunge eng mit der Körperoberfläche und der Nase verknüpft ist, ist sie häufig das Ziel der von außen eindringenden Wind-Kälte- und Wind-Hitze-Übel.

Invasion durch Wind-Kälte

Nach innen vordringende Wind-Kälte geht von einer spezifischen Erkältung aus, um zu vermehrtem wässrigem Nasensekret und Husten mit schleimartigem Auswurf zu führen. Im Westen würde man von einer starken Erkältung oder einem bronchialen Infekt sprechen.

Ein typisches Rezept wäre das aus elf Kräutern bestehende Xing Su San:
Xing Ren 6 Gramm;
Zi Su Ye (Schwarznesselblätter, *Perilla frutescens*) 6 Gramm;
Zhi Ke 6 Gramm;
Jie Geng 6 Gramm;
Qian Hu 6 Gramm;
Chen Pi 3 Gramm;
Ban Xia 6 Gramm;
Fu Ling 9 Gramm;
Sheng Jiang 3 Gramm;
Gan Cao 3 Gramm;
Da Zao 3 Stücke.

Die in dieser wärmenden, schweißtreibenden Mixtur enthaltenen Kräuter wie Zhi Ke und Chen Pi sollen das für Husten und Auswurf verantwortlich gemachte Aufsteigen des Qi umkehren.

Übermäßige Traurigkeit

Als mit der Lunge assoziierte Emotionen können auch Kummer und Traurigkeit eine Ursache von Hustensymptomen sein. Wenn sie im Übermaß vorhanden sind, kann die Lunge geschwächt werden und ein Qi-Mangel eintreten.

Mögliche Folgen sind Bronchitis oder asthmatische Leiden. Ein derartiges Syndrom wird nicht selten durch Trauerfälle ausgelöst. Typische Symptome sind Kurzatmigkeit, Husten, starker dünner Auswurf, Mattheit, schwache Stimme, blasse trockene Zunge mit weißem Belag und leerer, schwacher Puls. Ren Shen ist sehr wirksam gegen Mangel an Lungen-Qi. Es kann einzeln oder als Bestandteil des gefäßaktivierenden Pulvers Sheng Mai San verwendet werden; dieses enthält:

Ren Shen 6 Gramm;
Mai Men Dong 6 Gramm;
Wu Wei Zi 6 Gramm.

Sheng Mai San dient dazu, das Lungen-Qi zu kräftigen und zugleich Husten und Schleimbildung zu begegnen.

Weitere Informationen

Ban Xia, siehe Seite 179; **Chen Pi,** Seite 82; **Da Zao,** Seite 95; **Fu Ling,** Seite 174; **Gan Cao,** Seite 90; **Jie Geng,** Seite 191; **Ren Shen,** Seite 86; **Sheng Jiang,** Seite 146; **Wind-Hitze,** Seite 56–57; **Lunge,** Seite 192–193; **Schleim,** Seite 172–173; **sieben Emotionen,** Seite 132–133.

XUAN FU HUA *Inula britannica*

Während man in Europa die Wurzel des Echten Alants oder Helenenkrauts (*Inula helenium*) als Schleimlöser und Stärkungsmittel bevorzugt, verwendet man in China die Blüten der verwandten Art in ähnlicher Weise. Shen Nong, der die Pflanze bei Feuchte- und Kälteproblemen empfiehlt, benutzt auch den alternativen Namen Sheng Zhan, was so viel bedeutet wie „tiefe Klarheit".

Kurzporträt

BOTANISCHER NAME
Inula britannica

UMGANGSSPRACHLICHER NAME
Wiesen-Alant

FAMILIE
Compositae/Asteraceae

VERWENDETE TEILE
Blüten

GESCHMACK
Salzig

CHARAKTER
Warm

MERIDIANE
Lunge, Milz, Magen, Dickdarm

WIRKUNGSWEISE
Antibakteriell, nervenanregend, verdauungsfördernd

TRADITIONELLE VERWENDUNG
- das aufwärts strömende Lungen- und Magen-Qi umkehren
- Schleimstockungen in der Lunge auflösen

TYPISCHE DOSIERUNG (CHINA)
3–9 Gramm

KOMBINATIONEN
Zusammen mit Ren Shen, Ban Xia, Sheng Jiang, Da Zao und Blutstein (Dai Zhe Shi) als Xuan Fu Dai Zhe Tang bei Problemen mit dem Magen-Qi.

INULA BRITANNICA

Warnhinweis

Bei Mangelsyndromen übermäßigen Gebrauch meiden.

XING REN Prunus armeniaca

Aprikosensamen werden bereits seit dem 6. Jahrhundert zu Heilzwecken verwendet. Erstmals um 500 n. Chr. von Tao Hong-Jing im *Ben Cao Jing Ji Zhu* erwähnt, sollen sie Husten und Atemnot lindern. Moderne Studien konnten ihre Wirksamkeit als Mittel gegen Husten und Asthma bestätigen. Die Samen (Kerne) enthalten jedoch Amygdalin, das vom Körper in Blausäure umgewandelt wird. In höheren Dosen ist dies toxisch.

Kurzporträt

BOTANISCHER NAME
Prunus armeniaca

UMGANGSSPRACHLICHER NAME
Aprikose, Marille

FAMILIE
Rosaceae

VERWENDETE TEILE
Samen (Kerne)

GESCHMACK
Bitter

CHARAKTER
Leicht warm, leicht giftig

MERIDIANE
Lunge, Dickdarm

WIRKUNGSWEISE
Lindert Husten, antiasthmatisch, antibakteriell, bekämpft Parasiten, schmerzstillend

TRADITIONELLE VERWENDUNG
- Husten lindern und Schleim lösen
- den Darm schmieren

TYPISCHE DOSIERUNG (CHINA)
3–9 Gramm

KOMBINATIONEN
Zusammen mit Zi Su Ye (Schwarznesselblätter, *Perilla frutescens*) gegen trockenen Husten in Verbindung mit Wind-Kälte; mit Sang Ye bei trockenem Husten durch Wind-Hitze; mit Ma Huang bei keuchender Atmung; mit Huo Ma Ren als Abführmittel bei mangelbedingter Darmtrockenheit.

PRUNUS ARMENIACA

Warnhinweis

Bei Husten durch Yin-Mangel meiden. Überdosierung kann tödlich enden – daher nur unter ärztlicher Aufsicht einnehmen!

Jing-Kräuter

Jing
Das Jing geht mit zunehmendem Alter zurück. Jing-Mangel gilt in der TCM als Ursache für Schwerhörigkeit, Sehschwäche, Gedächtnisverlust und graue Haare.

Das Jing (Lebensessenz) – eine der fünf „Grundsubstanzen" in der chinesischen Medizin – ist von großer Bedeutung für Kreativität und Reproduktion. Da es mit den Nieren verknüpft und dort auch gespeichert wird, sind viele der mit den Nieren assoziierten Aspekte (z. B. Kopfhaar und Gehör) ein Spiegelbild des Jing-Status.

Das angeborene Jing wird im Laufe des Lebens allmählich aufgezehrt. Zeichen des Alterns wie Hörprobleme und ergrauende Haare gelten somit als Aspekte des nachlassenden Jing. Bei Frauen ist der Verfall des für die Reproduktion unverzichtbaren Jing durch das Einsetzen der Wechseljahre charakterisiert, die in der TCM häufig als Nierenschwäche behandelt werden. Außerdem soll das Jing für die Entstehung des Knochenmarks verantwortlich sein, das mit dem Gehirn assoziiert wird; dies erklärt, warum man das Jing mit der Kreativität verknüpft. So etwa könnte man Merkschwäche oder Konzentrationsmangel auf eine durch Jing-Mangel bedingte Schwäche des Knochenmarks zurückführen und diese mit Stärkungsmitteln für die Nieren behandeln. Gleiches gilt für Probleme wie Impotenz oder Fehlgeburten.

Kräuter zur Stärkung des Jing

Das Jing enthält Yin und auch Yang. Verglichen mit dem aktiven, äußeren Qi ist es Yin, im Kontrast zum inneren, passiven Xue (Blut) jedoch Yang.

Bei mangelndem Jing kann das körperliche Yin und Yang vermindert sein. Erstes Anzeichen für eine Jing-Schwäche ist Nierenmangel – mit vorzeitigem Altern, schlechten Zähnen, lückenhaftem Gedächtnis, sexuellen Funktionsstörungen und Ähnlichem. Mit der Zeit kann der Jing-Mangel eher Richtung Yin oder Yang ausschlagen, bei Yang-Mangel etwa in Form von Impotenz oder mit Scheidentrockenheit bei dominierendem Yin.

Zur Stärkung des Jing verwendet man meist Nierentonika, die vielfach mit Langlebigkeit assoziiert werden. Kräuter wie Nu Zhen Zi und He Shou Wu sollen zudem bei frühzeitig ergrautem Haar Abhilfe schaffen.

Weitere nützliche Jing-Tonika sind Hu Tao Ren (Walnüsse), Shi Hu, Gou Qi Zi, Shan Zhu Yu, Wu Wei Zi, Fu Pen Zi, Jin Ying Zi, Shan Dao (Yams, *Dioscorea opposita*) und Dong Chong Xia Cao.

Weitere Informationen

Dong Chong Xia Cao, siehe Seite 62; **Fu Pen Zi,** Seite 207; **Gou Qi Zi,** Seite 118; **He Shou Wu,** Seite 114; **Hu Tao Ren,** Seite 67; **Jin Ying Zi,** Seite 206; **Nu Zhen Zi,** Seite 79; **Shan Zhu Yu,** Seite 202; **Shi Hu,** Seite 75; **Wu Wei Zi,** Seite 203.

SHAN ZHU YU *Cornus officinalis*

Die Kornelkirsche, die manche westliche Gärten ziert, ist eines der Gewächse, die bereits vor mehr als 2000 Jahren von Shen Nong erwähnt wurden. Wie er schreibt, besitzt Shan Zhu Yu die Eigenschaft, „die Mitte zu wärmen und Kälte und Feuchte zu vertreiben". Heute wird es als Adstringens gegen Blutungen verwendet, darüber hinaus auch als Sexualtonikum zur Stärkung der Nierenenergie sowie bei Menstruations- und Wechseljahrsbeschwerden.

Kurzporträt

BOTANISCHER NAME
Cornus officinalis

UMGANGSSPRACHLICHER NAME
Japanische Kornelkirsche, Hartriegel

FAMILIE
Cornaceae

VERWENDETE TEILE
Früchte

GESCHMACK
Sauer

CHARAKTER
Warm

MERIDIANE
Leber, Nieren

WIRKUNGSWEISE
Antibakteriell, antimykotisch, harntreibend, blutdrucksenkend

TRADITIONELLE VERWENDUNG
- Nieren und Jing auffüllen
- die Menstruation stabilisieren, das Leber-Yin auffüllen
- Blutungen und übermäßiges Schwitzen beenden

TYPISCHE DOSIERUNG (CHINA)
6–12 Gramm

KOMBINATIONEN
Im Liu Wei Di Huang Wan zusammen mit Shu Di Huang, Shan Yao, Ze Xie, Mu Dan Pi und Fu Ling bei Menstruations-, Wechseljahrs- und Harnwegsbeschwerden; auch mit wärmenden Arzneien wie Rou Gui und Fu Zi im Jin Gui Shen Qi Wan bei Wechseljahrs-, Nieren- und Atemwegsproblemen wie Asthma.

CORNUS OFFICINALIS

Warnhinweis

Bei Feuersymptomen und mangelndem Nieren-Yang meiden. Nicht mit Jie Geng oder Fang Feng kombinieren.

WU WEI ZI

Schisandra chinensis Wu Wei Zi bedeutet „Fünf-Geschmack-Samen", und in der Tat glaubte man einst, dass die Pflanze alle fünf klassischen Geschmacksrichtungen in sich vereint. In neueren Lehrbüchern wird sie als „sauer" eingestuft. Im *Shen Nong Ben Cao Jiang* ist sie als Qi-Tonikum und Hustenarznei aufgeführt, die zudem „das Yin stärkt und des Mannes Essenz fördert". In der Volksheilkunde wird sie zur Hautverschönerung eingesetzt.

Kurzporträt

BOTANISCHER NAME
Schisandra chinensis

UMGANGSSPRACHLICHER NAME
Schisandra

FAMILIE
Schisandraceae

VERWENDETE TEILE
Früchte

GESCHMACK
Sauer

CHARAKTER
Warm

MERIDIANE
Lunge, Herz, Nieren

WIRKUNGSWEISE
Antibakteriell, zusammenziehend, aphrodisisch, kreislauf- und verdauungsfördernd, beruhigend, schleimlösend, blutdrucksenkend, tonisierend

TRADITIONELLE VERWENDUNG
- das Qi auffüllen (vor allem das Lungen-Qi)
- die Körpersäfte anregen
- Nieren und Herz kräftigen, den Geist (Shen) beruhigen
- übermäßiges Schwitzen beenden

TYPISCHE DOSIERUNG (CHINA)
3–9 Gramm

KOMBINATIONEN
Zusammen mit Gan Jiang, Ma Huang, Gui Zhi und anderen Kräutern bei Husten; mit Ren Shen und Mai Men Dong im Sheng Mai San bei Lungenschwäche und Husten; mit Bai Zi Ren, Dan Shen, Suan Zao Ren und anderen Kräutern im Tian Wang Bu Xin Dan zum Nähren von Herz- und Nieren-Yin bei Wechseljahrsbeschwerden und Schlaflosigkeit.

SCHISANDRA CHINENSIS

Warnhinweis

Bei innerer Hitze und oberflächlichen Syndromen meiden.

Die Nieren

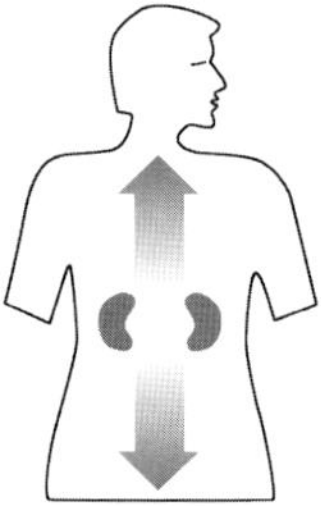

Wasserhaushalt
Die TCM geht davon aus, dass die Gewebe von den Nieren mit „klarer" Flüssigkeit versorgt werden, während „trübe" Flüssigkeit als Harn und Schweiß ausgeschieden wird.

In der TCM werden die Nieren (Shen) mit der Regulation des Wasserhaushalts verknüpft. Überraschenderweise ist diese Funktion ebenfalls mit den Lungen verbunden, weshalb die Nieren auch bei der Koordination der Atmung eine Rolle spielen sollen.

Innerhalb des Wasserhaushalts sind die Körpersäfte (Jing-Ye) von zentraler Bedeutung – wobei die „klaren" Flüssigkeiten von den Nieren nach oben geschickt werden und durch die Organe und Gewebe zirkulieren, während die „trüben" Flüssigkeiten – in Schweiß und Urin umgewandelt – abwärts gesandt und ausgeschieden werden. Da die Nieren auch dazu beitragen, das Qi nach unten zu leiten, unterstützen sie die Tätigkeit der Lunge beim Einatmen. Schwaches Nieren-Qi kann somit zu Atemproblemen führen. Außerdem wandeln die Nieren das Jing in Knochenmark um, das entlang der Wirbelsäule bis zum Gehirn reicht. Daher sind die Nieren auch mit dem Haupthaar verbunden: Üppiger Haarwuchs zeugt von gesundem Nieren-Qi und starkem Jing.

Auch die als Knochenüberschuss geltenden Zähne werden von den Nieren regiert, während die Ohren als äußere Öffnung der Nieren gelten. Über das Fortpflanzungssystem sind die Nieren zudem mit den äußerlichen Genitalien verknüpft.

Nieren und Wechseljahre

Wechseljahrsbeschwerden haben mit dem natürlichen Abbau des angeborenen Jing zu tun. Da die geschwächten Nieren das Feuer nicht mehr kontrollieren können, wird das Herz übererregt und es entstehen Symptome wie nächtliche Schweißausbrüche, leichte Erregbarkeit, Herzklopfen und Müdigkeit.

In den meisten Fällen besteht das Problem vor allem in einem Ungleichgewicht der Nieren- und Leberenergien. Man begegnet ihm mit Kräutern zur Stärkung von Qi und Xue (Blut), etwa in Form des Liu Wei Di Huang Wan:

Shu Di Huang 18 Gramm;
Shan Zhu Yu 9 Gramm;
Shan Yao 9 Gramm;
Zi Xie 9 Gramm;
Mu Dan Pi 6 Gramm;
Fu Ling 9 Gramm.

Aufgaben der Nieren

Die Nieren:

- regulieren den Wasserhaushalt
- koordinieren die Atmung
- speichern Lebensessenz und Entschlusskraft
- erzeugen Knochenmark
- sind in den Haaren erkennbar
- sind mit den Ohren und Genitalien verknüpft

JIN YING ZI Rosa laevigata

Rosen werden in der westlichen Kräuterheilkunde als Adstringenzien und zur Stärkung von Haut und Seele verwendet. In der chinesischen Medizin werden sie gegen Durchfall und Blutungen sowie zur Unterstützung von Qi und Jing eingesetzt. Sowohl die Chinesische Hagebutte als auch die Blüten von *Rosa rugosa* (Mei Gui Hua) werden in der TCM verwendet. Mei Gui Hua gilt als Qi- und Blut-Tonikum für die Leber, Jin Ying Zi konzentriert sich auf die Nieren.

Kurzporträt

BOTANISCHER NAME
Rosa laevigata

UMGANGSSPRACHLICHER NAME
Chinesische Hagebutte

FAMILIE
Rosaceae

VERWENDETE TEILE
Früchte (Hagebutten)

GESCHMACK
Süß, zusammenziehend

CHARAKTER
Neutral

MERIDIANE
Nieren, Harnblase, Dickdarm

WIRKUNGSWEISE
Zusammenziehend, antibakteriell, antiviral, senkt den Cholesterinspiegel, kräftigt die Gebärmutter

TRADITIONELLE VERWENDUNG
- das Nieren-Qi festigen und das Jing wahren
- Darmleckagen zurückhalten

TYPISCHE DOSIERUNG (CHINA)
3–9 Gramm

KOMBINATIONEN
Zusammen mit Kräutern wie Dang Shen, Shan Yao (Yams, *Dioscorea opposita*) und Bai Zhu gegen Durchfall in Verbindung mit Milzmangel; mit Austernschalen (Mu Li) gegen Impotenz und sexuelle Funktionsstörungen in Zusammenhang mit mangelndem Nieren-Yin.

ROSA LAEVIGATA

Warnhinweis

Bei übermäßigem Feuer und Hitzesyndromen meiden.

FU PEN ZI Rubus chingii

Himbeerblätter verwendet man im Westen oft zur Linderung von Menstruationsproblemen. In China bevorzugt man die Früchte, da sie bei Impotenz und vorzeitigem Samenerguss helfen und das Nieren-Yang kräftigen sollen. Seit mehr als 1500 Jahren von der TCM genutzt, wird Fu Pen Zi im *Ben Cao Jing Ji Zhu* erstmals erwähnt, das um 500 n. Chr. von Tao Hong-Jing verfasst wurde.

Kurzporträt

BOTANISCHER NAME
Rubus chingii

UMGANGSSPRACHLICHER NAME
Chinesische Waldhimbeere

FAMILIE
Rosaceae

VERWENDETE TEILE
Früchte

GESCHMACK
Süßsauer

CHARAKTER
Leicht warm

MERIDIANE
Leber, Nieren

WIRKUNGSWEISE
Östrogen, zusammenziehend

TRADITIONELLE VERWENDUNG
- Leber und Nieren stärken
- das Jing zügeln
- die Augen aufhellen

TYPISCHE DOSIERUNG (CHINA)
9–15 Gramm

KOMBINATIONEN
Zusammen mit Gou Qi Zi, Wu Wei Zi und anderen Kräutern gegen Impotenz und Spermatorrhö aufgrund von Nierenmangel; mit Du Zhong bei Lendenschmerzen in Verbindung mit Nierenschwäche; mit Alpiniensamen (Yi Zhi Ren, *Alpinia oxyphylla*) und anderen Kräutern bei Harnwegsproblemen in Verbindung mit Mangelerscheinungen im unteren Jiao.

RUBUS CHINGII

Warnhinweis

Bei Yin-Mangelsyndromen (siehe Seite 68–69) mit Vorsicht verwenden. Bei Problemen mit dem Wasserlassen meiden.

Beruhigende Kräuter

Muscheln und Austern
Um den Geist zu beruhigen, verwendet man auch die zermahlenen und zu Pillen verarbeiteten Schalen bestimmter Muscheln und Austern.

Shen (Geist), eine der fünf Grundsubstanzen der chinesischen Medizin, wird bisweilen als die „Vitalität hinter dem Jing und Qi" beschrieben – mithin als das, was uns zu Menschen macht. Als Yang eingestuft, bildet Shen zusammen mit Jing und Qi die „drei Schätze". Da der Begriff geistige Bewusstheit, Vitalität und eine gewisse innere Ruhe vereint, ist Shen ein für uns nicht leicht verständlicher Begriff.

Ein geschädigtes Shen kann mit Geisteskrankheit einhergehen, aber auch mit weniger dramatischen Problemen wie Verwirrtheit, verlangsamtem Denken, Schlaflosigkeit oder Vergesslichkeit. Fahriges Verhalten und sprunghafter Themenwechsel im Gespräch können auf eine Shen-Disharmonie hindeuten. Da das Shen im Herzen gespeichert wird, können sich die entsprechenden Probleme auch in Form von Herzklopfen oder Herzrasen äußern.

Mittel zur Beruhigung des Shen

Arzneien, die wir als Sedativa oder Tranquilizer bezeichnen würden, gelten in der TCM als Mittel, die „den Geist beschwichtigen". Oft handelt es sich um Mineralien oder Muschelschalen, deren Gewicht man als notwendig erachtet, um die Exzesse des feurigen Geistes im Herzen zu dämpfen.

Eine typische Arznei zur Beruhigung des Shen sind die so genannten Drachenknochen (Long Gu). Gewonnen werden sie meist aus den fossilen Wirbel-, Finger- und Zehenknochen früher Säugetiere. Fossile Zähne (Long Chi) genießen eine ähnliche Wertschätzung.

Nicht ganz so exotisch sind Mu Li (Austernschalen), Ci Shi (Magnetit), Zhu Sha (Zinnober), Zhen Zha (Perlen) und Hu Po (Bernstein), die allesamt pulverisiert und in Pillenform eingenommen werden.

Alternativ kommen auch pflanzliche Mittel zum Einsatz, die das Herz nähren, anstatt das Shen niederzudrücken. Man verwendet sie vor allem gegen Herzklopfen, Beklommenheit und Schlaflosigkeit durch mangelndes Herzblut. Ihre beruhigende Wirkung entfalten diese Kräuter auch bei mangelndem Leber-Yin, das den Geist ebenfalls beeinträchtigen kann. In diese Kategorie fallen Arzneien wie Suan Zao Ren, Bai Zi Ren, Yuan Zhi, Ye Jiao Teng und die Rinde der Seidenakazie (*Albizzia julibrissin*) – mit dem recht heiteren chinesischen Namen He Huan Pi oder „gemeine Glücksrinde".

Weitere Informationen

Bai Zi Ren, siehe Seite 211; **He Shou Wu,** Seite 114; **Suan Zao Ren,** Seite 210; **Fünf Grundsubstanzen,** Seite 100–101; **Herz,** Seite 108–109; **Leber,** Seite 116–117.

SUAN ZAO REN *Ziziphus jujuba* var. *spinosa*

Suan Zao Ren („saurer Dattelsame") wird seit dem 15. Jahrhundert in der Traditionellen Chinesischen Medizin verwendet und ist erstmals im *Lei Gong Pao Zhi Lun* erwähnt, das um 470 n. Chr. von Lei Xiao verfasst wurde. Als eines der wichtigsten Kräuter zur Besänftigung des Geistes wird es bei Angstzuständen, Herzklopfen und Schlaflosigkeit eingesetzt, die man allesamt mit einem Herzmangel assoziiert.

Kurzporträt

Botanischer Name
Ziziphus jujuba var. spinosa

Umgangssprachlicher Name
Stacheljujube, Chinesische Dattel

Familie
Rhamnaceae

Verwendete Teile
Samen

Geschmack
Süßsauer

Charakter
Neutral

Meridiane
Leber, Herz

Wirkungsweise
Beruhigend, einschläfernd, schmerzstillend, senkt Blutdruck und Körpertemperatur

Traditionelle Verwendung
- Herz und Leber nähren, den Geist beruhigen, übermäßigem Schwitzen vorbeugen

Typische Dosierung (China)
9–18 Gramm

Kombinationen
Zusammen mit Fu Ling, Chuan Xiong, Zhi Mu und Gan Cao im Suan Zao Ren Tang zum Nähren des Leberblutes bei Schlaflosigkeit und nervöser Erschöpfung – plus Bai Zi Ren und Wu Wei Zi bei nächtlichem Schweißausbruch in Verbindung mit Nierenschwäche; zusammen mit Ren Shen, Huang Qi, Dang Gui, Long Yan Rou, Bai Zhu und anderen Kräutern im Qui Pi Tang bei Herz- und Milzschwäche mit Menstruationsstörungen, Anämie und Nervenleiden.

ZIZIPHUS JUJUBA

Warnhinweis

Bei pathogenen Feuersyndromen und starkem Durchfall meiden.

BAI ZI REN Thuja orientalis

Zweige des Morgenländischen Lebensbaums (*Thuja occidentalis*) benutzt man heute vornehmlich gegen Warzen, Pilzerkrankungen der Haut und bei Harnwegsproblemen, früher auch gegen Blattern. Im Gegensatz dazu schätzt man bei der chinesischen Spezies vor allem die beruhigende Wirkung der Samen, die bereits seit der Tang-Dynastie (618–917 n. Chr.) bei mangelndem Herzblut verordnet werden.

Kurzporträt

Botanischer Name
Thuja orientalis

Umgangssprachlicher Name
Chinesischer oder Morgenländischer Lebensbaum

Familie
Cupressaceae

Verwendete Teile
Samen

Geschmack
Süß

Charakter
Neutral

Meridiane
Herz, Leber, Nieren, Dickdarm

Wirkungsweise
Beruhigend, abführend

Traditionelle Verwendung
- das Herz nähren und den Geist beruhigen
- den Darm befeuchten

Typische Dosierung (China)
9–18 Gramm

Kombinationen
Zusammen mit Huo Ma Ren und Hu Tao Ren gegen Verstopfung in Verbindung mit Energieschwäche bei älteren Patienten oder nach der Entbindung; mit Suan Zao Ren (siehe Seite 210) und anderen Kräutern bei Herzklopfen, Schlaflosigkeit und Beklommenheit in Verbindung mit mangelndem Herzblut; mit Wu Wei Zi und Mu Li (Austernschalen) bei nächtlichem Schweißausbruch durch Yin-Mangel.

THUJA ORIENTALIS

Warnhinweis

Bei Schleimsyndromen oder bei Durchfall meiden.

Die Seele

Konfuzius
Die chinesische Vorstellung von einer aus fünf Aspekten bestehenden Seele geht auf die Taoisten zurück und wurde durch Lao-tse, später auch durch Konfuzius, geprägt.

Die Seele (Ling) ist ein komplexer Begriff, der Energie, spirituelle Merkmale und geistige Bewusstheit in sich vereint. Wie die Organe und Körperflüssigkeiten besteht auch die Seele aus fünf Aspekten, die jeweils mit einer bestimmten Wandlungsphase und einem Zang-Organ verknüpft sind.

Yi

Yi, meist mit „Gedanke" übersetzt, ist mit der Milz und der Erde verbunden. Der Begriff umfasst die Bewusstheit der Möglichkeiten und Glaubensvorstellungen und beinhaltet auch das Wissen um die Möglichkeit, notwendige Veränderungen vornehmen zu können. So kann eine Milzschwäche durch das Unvermögen gekennzeichnet sein, die Möglichkeit von Veränderungen zu erkennen.

Hun

Dieser ätherische Aspekt der Seele lässt sich schwer übersetzen. In der Leber heimisch und mit dem Holz verknüpft, hat das Hun einen Bezug zu den Tugenden des Mitgefühls und Wohlwollens. Hun ist jener Teil des Menschen, der den Tod übersteht und für drei Generationen weiterlebt. Dann ist der Betreffende den Nachkommen nicht mehr mit Namen erinnerlich und das Hun verschmilzt mit den Klan-Ahnen und der allgemeinen Güte der Welt.

Zhi

Zhi – der Wille oder das Wissen – wohnt in den Nieren, ist mit dem Wasser verknüpft und steht in Verbindung mit den taoistischen Vorstellungen von Langlebigkeit und Weisheit. Bei der

Geburt besitzen wir viel angeborenes Jing und wenig Weisheit. Da sich dieses Jing allmählich in Weisheit verwandelt, ist am Ende eines rechten Lebens und bei starkem Zhi anstatt des angeborenen Jing nur noch viel Weisheit übrig.

Shen

Shen (Geist) ist mit dem Herz und dem Element Feuer verknüpft. Es wird oft als eher unspiritueller Begriff beschrieben, der mehr mit Kommunikation und Korrektheit verbunden ist.

Po

Po, die körperliche oder tierische Seele, ist mit der Lunge assoziiert und daher mit dem Metall verbunden. Anders als das Hun ist Po eher ein physischer Aspekt der Seele und steht in engem Bezug zu den sieben Emotionen.

Weitere Informationen

Fünf Wandlungsphasen, siehe Seite 38; **Herz,** Seite 108–109; **Nieren,** Seite 204–205; **Leber,** Seite 116–117; **Lunge,** Seite 192–193; **Milz,** Seite 176–177.

GLOSSAR

Abkochung (Dekokt) Kräuterzubereitung durch Kochen in Wasser zur Gewinnung eines konzentrierten Extrakts.

Acht Leitprinzipien System zur Organisation diagnostischer Informationen entsprechend den Prinzipien von Yin, Yang, innen, außen, heiß, kalt, Übermaß und Mangel.

Adstringenzien Austrocknend, entzündungswidrig und blutstillend wirkende (äußerliche) Mittel.

Allopathie Die Heilmethoden der Schulmedizin.

Angina pectoris Herzschmerzen durch verminderte Durchblutung aufgrund verhärteter Koronararterien.

Antimykotika Mittel gegen krankheitserregende Pilze.

Asthma Anfallsweise auftretende hochgradige Atemnot durch Verengung der Atemwege.

Äußerlich Sämtliche Faktoren, die den Körper von außen beeinflussen.

Bì-Syndrom Bezeichnet meist Arthritis-artige Leiden.

Bronchitis Entzündung der Bronchien.

Diuretika Harntreibende Mittel.

Drei Schätze Oberbegriff für Qi, Jing und Shen.

Dreifach-Erwärmer *Siehe* Jan Jiao

Feuchte In der chinesischen Medizin ein Krankmacher, der unter anderem zu Trägheit, Gliederschwere und allgemeiner Ermattung führt.

Fu Die als Yang eingestuften Hohlorgane des Menschen.

Fünf Wandlungsphasen Aus der Naturbeobachtung abgeleitetes System der Wechselbeziehungen und Übergänge zwischen Wasser, Holz, Feuer, Metall und Erde.

Innerlich Bezieht sich in der chinesischen Medizin auf Aspekte von Disharmonien, die innerhalb des Körpers entstehen.

Jin-Ye Die leichteren (Jin) und die dichteren (Ye) Körperflüssigkeiten.

Jing Die Lebensessenz als Quelle des Lebens und der individuellen Entwicklung.

Leitbahnen Unsichtbare innere und oberflächliche Kanäle, in denen das Qi zirkuliert; *siehe* auch Meridiane.

Mangelzustand Unzureichendes Vorhandensein von Grundelementen wie Qi oder Blut bzw. Funktionsstörung eines Zang-Fu-Organs.

Materia Medica Wissenschaftliche Darstellung der Eigenschaften und Verwendung der Heilmittel.

Meridiane Die Leitbahnen, in denen die Lebensenergie durch den Körper strömt; in der chinesischen

Akupunktur gibt es insgesamt 59 Meridiane.

Ödem Meist eine schmerzlose, massive Ansammlung von Körperflüssigkeit.

Qi Die allen Lebensaspekten zugrunde liegende, den ganzen Körper durchdringende und in den Meridianen konzentrierte Lebenskraft bzw. Lebensenergie des Universums.

Qigong Ein System aus Atemübungen.

San Jiao Oder Dreifach-Erwärmer, kontrolliert die Verteilung von Hitze und Flüssigkeiten im Körper.

Schleim Durch Disharmonien entstehende, sichtbare (äußerliche) oder unsichtbare (innere) Verdickung von Körperflüssigkeiten.

Shen Oder Geist, eine Grundsubstanz und Ausdruck der Lebenskraft; einer der „drei Schätze", im Leuchten der Augen erkennbar.

Tai-chi Meditative Körperübungen, im Westen manchmal verkürzt als „Schattenboxen" bezeichnet.

Tang Abkochung (Dekokt) oder Brühe.

Tao(ismus) Philosophisches und spirituelles System, das dem Menschen den „Weg" (so die wörtliche Übersetzung) weist.

Tinktur Flüssiger, mit Alkohol hergestellter Auszug pflanzlicher Drogen.

Übermaßzustand Überschuss oder Stockung von Grundelementen (z. B. Qi oder Körpersäfte) bzw. unzureichende Funktion eines Zang-Fu-Organs.

Wei Qi Abwehr-Qi, fließt dicht unter der Haut und schützt den Körper vor eindringenden Krankmachern.

Xue Ungefähr gleichbedeutend mit Blut.

Yang Als Element des einander ergänzenden Gegensatzpaars Yin/Yang das Spiegelbild der aktiveren, bewegten und wärmeren Aspekte; *siehe* auch Yin.

Yin Als Element des einander ergänzenden Gegensatzpaars Yin/Yang das Spiegelbild der passiveren, reflektierenden und kühleren Aspekte; *siehe* auch Yang.

Zang Die als Yin geltenden Festorgane des Körpers.

Zang-Fu Die (von der westlichen Anatomie abweichende) Gesamtheit der Yin- und Yang-Organe des Körpers.

Praktische Tipps

Einen TCM-Therapeuten finden

In zahlreichen größeren Städten praktizieren entsprechend geschulte Ärzte, doch können hinsichtlich Qualifikation und Erfahrung erhebliche Unterschiede bestehen. Bisweilen kommt es vor, dass vornehmlich schulmedizinisch ausgebildete, aus dem Fernen Osten stammende Ärzte es für profitabler befunden haben, eine TCM-Klinik zu gründen, als sich in das etablierte Gesundheitswesen einzugliedern. Aus diesem Grund sollten Sie vor dem Gang zum Therapeuten verlässliche Informationen einholen. Entsprechende Listen finden Sie im Internet, beispielsweise unter www.dwgtcm.com (Deutsche Wissenschaftliche Gesellschaft für Traditionelle Chinesische Medizin e.V.) oder www.agtcm.de.

Chinesische Heilkräuter einkaufen

Die Qualität der aus China importierten Kräuter variiert erheblich, und in vielen Fällen hält der Inhalt kaum, was das Etikett verspricht. Der Einkauf von Kräutern in einer Chinatown kann gefährlich sein, da man sich nicht eindeutig verständlich machen kann, wenn man des Mandarins nicht mächtig ist. Zudem werden viele Kräutershops von Hongkong-Chinesen betrieben, die Kantonesisch sprechen und häufig andere Namen verwenden. Inzwischen gibt es diverse westliche Firmen, die chinesische Heilkräuter importieren und oftmals auch einen chinesischen Apotheker beschäftigen. Entscheiden Sie sich nach Möglichkeit für Fertigpackungen aus Singapur, Japan, den USA oder Europa, da die Produkte chinesischer Firmen nicht selten fragwürdig sind. Einige westliche Importeure bieten auch einen Versandservice an, per Internet etwa unter www.tcm-apo.de.

IN DIESER SERIE ERSCHIENEN:

NUR € 3.99

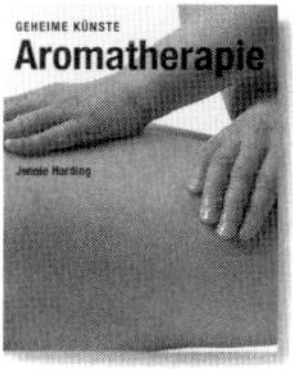

Aromatherapie
Jennie Harding

Ayurveda
Gopi Warrier, Dr. Harish Verma & Karen Sullivan

Bachblüten
Jeremy Harwood

Chinesische Heilkräuter
Penelope Ody

Energieströme des Körpers
Paul Brecher

Handlesen
Peter West

Hypnotherapie
Janet Fricker & John Butler

Numerologie
Dawne Kovan

Pilates
Sally Searle & Cathy Meeus

REGISTER

e

f

g

h

i

j

k

l